困った時にすぐわかる！　トラブル対策のコツ

# 経営者になったら押さえておくべき 法律知識

ベンチャーラボ法律事務所
弁護士 淵邊 善彦
YOSHIHIKO FUCHIBE

第一法規

## はじめに

　本書は、企業の成長に伴いよく生じる法律問題を、ストーリー形式で紹介しながら解説するものです。経験の浅い経営者が、周りの仲間や社員、弁護士達と力を合わせて、次々と生じるトラブルや環境変化に立ち向かっていきます。

　法律というと後ろ向きで面倒なイメージがあるかもしれませんが、本書を読めば、企業経営において、攻めにも守りにも使える大切な武器であることがわかると思います。法律をビジネスに活かし、法的リスクをあらかじめ知ることによって、起業の成功確率は大きく高まります。

　まずは、ストーリーを楽しみながら読んでいただき、その後の解説やチェックリストによって経営者として最低限押さえるべき法律知識を確認してもらいたいと思います。各章のストーリーは、読みやすいように単純化、簡略化してありますが、ベンチャー企業などが実際に経験する経営判断やトラブル事例が元になっています。これからは規模の小さい企業にとっても、海外展開は大きなチャンスになるはずであり、あえて海外企業とのトラブルも取り上げました。

　経営者のハルカと顧問弁護士の真部をはじめとする登場人物と一緒に、ベンチャー企業を取り巻く契約交渉やトラブルを追体験しながら、企業経営における法律の重要さと面白さに気づいていただけると嬉しいです。読者が実際にそれらの場面に遭遇したときに慌てないためのイメージトレーニングになるはず

です。解説やチェックリストを読んでもっと詳しく法律知識を得たいと思われた方は参考文献リストも是非ご活用ください。

　本書の主な読者は、経営者とそれをサポートする社員、これから起業しようとする会社員、弁護士・経営コンサルタントなどの外部アドバイザーを想定しています。加えて、企業法務に関心のある大学生やロースクール生の皆さんなどにも気軽に読んでもらえる本になっていると思います。本書が起業の成功と経営者の成長の一助となることを願っています。

　本書のストーリーやキャラクターは、レゾンクリエイトの佐藤智さんとの合作です。彼女の文才がなければこのストーリーは生まれませんでした。

　最後に、本書の企画から内容に至るまで多くの有益かつ親身な助言をいただいた第一法規の松田浩さんと木ノ下佳奈さんに厚く御礼申し上げます。

2020年12月

淵邊　善彦

※本書で言及する法令はストーリー上の時間経過にかかわらず、2020年12月1日現在を基準にしています。

# CONTENTS 目次

はじめに

各章の構成

全体の俯瞰図

PROLOGUE …………………………………………………………………… 1

CHAPTER 1　ビジネスモデルの落とし穴 ………………………… 5

『EATing』のはじまり/ビジネスモデルの「穴」/規約と契約を整える

解説　ビジネスモデルのチェック ……………………………………… 14

CHAPTER 2　創業メンバーCTOの退任 ………………………… 25

造反の兆し/弁護士真部への相談/怒りの話し合い/

裏切りの発覚/対決の時

解説　競業避止義務・守秘義務、営業秘密 ……………………………… 42

CHAPTER 3　資金調達を実現し、

　　　　　　今後の資本政策の策定へ ……………………… 47

はじめてのピッチコンテストに参加/条件面の大きな差/

自分たちに合ったベンチャーキャピタルとは?

解説　資金調達および資本政策に関する法的視点 ………………… 55

CHAPTER 4　問題社員の退職勧奨 ………………………………… 63

欠勤・欠席……やる気のない社員/業務改善を勧告/

改善しない勤務態度/退職勧奨を行う/退職勧奨を拒絶/

解雇か?　自主退職か?

解説　労働法上の解雇規制 ……………………………………………… 75

CHAPTER 5　チャットボット技術を得るべく、企業買収を実施 … 83

予約システムにチャット機能を/ゴルフ交流はビジネスチャンス?/

買収の提案/買収の手続き/Futureのデューディリジェンス結果/
Futureとの交渉/買収成立

**解説　企業のM&A** …………………………………………… 100

**CHAPTER 6　ベトナム企業に開発外注でトラブル発生！** … 109

ベトナム企業に開発委託/納期の遅延/カムオンとの押し問答/
真部のアドバイス/自分の目で確認する重要性

**解説　海外取引の基本** ……………………………………117

**CHAPTER 7　国内ライバル企業による特許侵害** …………… 123

チャット機能の特許取得/競合の不審な動き/ガブリンの調査ス
タート/ガブリンへの一打撃目/最終手段を決断

**解説　特許紛争** ………………………………………… 132

**CHAPTER 8　ハッキングによる個人情報漏洩** ………………… 139

予約システム停止トラブル発生/ハッキングによる個人情報漏洩/
真部へのSOS/徹夜の報告書作成/再発防止策こそカギ

**解説　個人情報の扱い** ………………………………… 145

**CHAPTER 9　海外アライアンス先の入金遅れ** ………………… 151

EATing台湾へ進出/契約締結の日/気が抜けぬ経理チェック/
過少払い問題が発生

**解説　海外からの債権回収・海外企業とのアライアンス** ……… 159

**EPILOGUE** ……………………………………………… 165

**重要法令一覧** …………………………………………… 171

**参考文献** ………………………………………………… 172

**著者紹介** ………………………………………………… 173

## 各章の構成

■ストーリー（場面別法的トラブル事例）
■解説
■チェックリスト＆重要法令
■経営者へのアドバイス

### 主な登場人物

HARUKA KAWANA

#### 川名ハルカ

新卒入社した会社を退社後、ランチメインの予約システムサービス「スイテル」を運営する「EATing」を設立し、経営する若き社長。

KATSUTA

## 勝田

ハルカの大学時代の先輩で経営学部出身。「EATing」設立メンバーで役員。一緒に会社を大きくしていく。

MANABE

### 顧問弁護士　真部

いつも陽気に振る舞っているが、時々ミステリアス。
冷静で先を見据えた的確なアドバイスをしてくれる。

※本書に登場する組織・人物等はすべてフィクションです。

CHAPTER **4**

問題社員の退職勧奨

解雇予告義務・
整理解雇・働き方改革

CHAPTER **1**

ビジネスモデルの落とし穴

ビジネスの適法性・組織の整備・
知的財産で会社を守る

CHAPTER **6**

ベトナム企業に開発外注で
トラブル発生！

法律や商慣習の違い・
製造委託・国際紛争の解決

ベトナム企業
カムオン

EATing

ハルカ

台湾企業
ホージャー

顧問弁護士

真部

CHAPTER **9**

海外アライアンス先の
入金遅れ

アライアンスの重要性・契約
ロイヤルティの計算
不良債権への対策と対応

CHAPTER 8
ハッキングによる
個人情報漏洩

個人情報の保護・
漏洩を未然に防ぐ・
トラブル後の対応

投資家
ベンチャーキャピタル

CHAPTER 3
資金調達を実現し、
今後の資本政策の策定へ

資金調達
企業価値評価・
ストックオプション導入

佐々井

勝田

CHAPTER 7
国内ライバル企業による
特許侵害

特許権・
特許審査の流れ・
侵害行為と対応法

ライバル企業
ガブリン

CHAPTER 2
創業メンバーCTO
の退任

競業避止義務・
守秘義務・営業秘密

CHAPTER 5
チャットボット技術を得る
べく、企業買収を実施

M&A・デューディリ
ジェンス
契約交渉

AI開発企業 Future

# 真部との出会い

　表参道にあるBAR LUSH。川名ハルカは、今日もカウンターでグラスを傾けていた。照明の落ち着いた大人っぽい雰囲気があるLUSHは、ハルカにとっては少し敷居が高いが、大学時代に働いた飲食店で一緒だった先輩が開いた店ということで、よく足を運ぶようになった。

　大学時代のハルカは、工学部で毎日ものづくりに没頭していた。そして2年生の時、大学院の研究室へ進むか、就職するかで悩み、最終的に就職を選んだ。とはいえ、大学でしてきたことは実験ぐらいである。就職試験に臨むのも、仕事にも不安があったハルカは、経験の無かった飲食店でアルバイトを始めることにした。

　働き出したイタリアンダイニングで、店長の右腕として働いていた久保田という先輩と仲良くなり、接客業に慣れないハルカを可愛がってくれた。「大事なのはお客さんに愛敬を振りまくことではなく、信頼関係を築くことだ」というのが、久保田の口癖だった。

1

卒業して以来、連絡をとっていなかったが、1年前に突然「俺、BARを始めたから今度遊びにきてよ」と連絡が来て驚いた。久保田らしいぶっきらぼうなメールである。

　ハルカには元々ひとりで飲みに行く習慣は無かった。しかし一度LUSHに赴いてみると、その魅力にハマった。

　ひとりなら他人に合わせず自分のペースでゆっくりと飲める。照明に反射して輝くグラスや壁の装飾を眺めたり、宙を見つめたりして事業を構想できる。本を読んでもいい。そんな、自由な雰囲気がハルカはとても気に入った。


　2杯目は何にしよう。ハルカが考えていると、ふと久保田に話しかけられた。

「ねえ、ハルカは真部先生のこと知ってたっけ？」

「真部先生？」

　ハルカのキョトンとした表情を見た久保田は「こちら、真部先生」と、一席空けてカウンターに座るスーツの男性をハルカに紹介した。

　歳は、30代半ばだろうか。パリッとした服装をしているが、勤め人ではなさそうだ。

「真部先生、彼女は川名ハルカ。私の前の店でアルバイトをしていた子で、今はIT企業の社長さんだそうですよ」

　久保田はいかにもおかしそうに真部に言った。働き始めたばかりの時、ハルカの不器用さを散々フォローしても

らったのだから仕方ない。

「先輩、"これから社長になる"が正解です。真部先生、初めまして。よろしくお願いします」

　初対面の人に、笑顔を向けられるようになったのも久保田のおかげだ。

「川名さん、初めまして。とってもお美しい方ですね！」

　勢いのある真部の褒め言葉に一瞬ハルカがたじろいだのを察し、久保田が笑いながら口を挟んだ。

「ハルカ、驚いただろうけど真部先生はいつもこんな感じだから」

「ちょっと。久保田くん、僕は感動した心のまま、素直に相手へ思いを伝えているだけさ！」

　少し慌てる真部。悪い人ではなさそうだ。

　真部の明るさと久保田の軽妙なやりとりに和んだハルカは尋ねた。

「先生ということは学校の先生ですか？　お医者さん？」

「いえいえ、弁護士ですよ」

　真部は、キリッと真剣な顔に戻ってそう答えた。

「先生は、こう見えて企業法務の分野では敏腕弁護士として有名なんだよ！」

　久保田の軽口に、「ちょっと、"こう見えて"ってのは余計だよ。ベンチャー企業の味方であり、もちろん川名さんの味方ですよ！☆」と、真部の顔はまた崩れた。

そして、「一度ビジネスモデルや会社組織のリーガル
チェック、知財戦略の相談をしましょう。川名さんには特
別価格でサービスしますからね！」と付け加えるのも忘れ
なかった。

　名刺を交換すると、真部はLUSHの近くで法律事務所を
開業していることがわかった。その後も３人で会話が弾
み、いつもより長居することにしたハルカは、心地よくお
酒を味わったのだった。

# ビジネスモデルの
# 落とし穴

本章は、ビジネスモデルのリーガル
チェックと関係する各法規制について
解説していきます。

# ビジネスモデルの落とし穴

## ◆ 『EATing』のはじまり

　渋谷駅から徒歩７分。明治神宮前駅方面に向かって進んだ先の６階建てのビルに、川名ハルカが経営する株式会社EATingは入っている。渋谷の雑踏からは少し距離があり、どこに出るにもアクセス良好。そんな立地をハルカは気に入っている。都内での打ち合わせには大抵タクシーを使うが、朝の出社の時は、健康のために歩いている。駅からまっすぐ伸びた道を歩んでいると、今日やるべきことが整理されていくのだ。

　今朝は久しぶりに、立ち上げ当初のことを思い返していた。「あの頃は、１年後どうなっているかなんて想像もできていなかったな」

　朝日が気持ちいい陽気に春を感じながら、ハルカは軽やかに歩みを進めた。


　ハルカが社長兼CEOを勤めるEATingは、２期目を順調に滑り出したところだ。大学のサークルの先輩で経営学部だった勝田と、電機メーカー勤務時代の同期の津川。３人で意気投合して、ある種勢いで作った会社。構想を話し合うときは、「これは売れそうだね」「こんなこともできちゃうよ」と楽しんでいたが、実際に各々が資本金500万円を出し合う話になると、急に怖くなった。学生時代のバイトから、会社員になっても、コツコツと貯め続けてきたお金だったからだ。

　勝田は至極冷静に、「発行済株式数300株で、それぞれ100株ずつ所有。1株5万円で資本金1500万円くらいあれば、ひとまず当面の運転資金はなんとかなるだろ」とハルカと津川に言った。「そ、……そうだね」という、ハルカの声は少し震えていたかもしれない。「社長はどうするの？」そうハルカが聞くと、勝田と津川は「言い出しっぺのハルカに決まってるじゃん」と口を揃えた。

　EATingの主たる事業は、飲食店予約システムサービス『スイテル』だ。アプリからその時空席がある店の予約ができ、スマートフォンのスケジューラーと連携して予定が反映される。SNSと連動させておけば、食事会の参加者全員にその情報が飛ばせ、さらに当日にリマインドメールも送られる。決済機能も備えており、利用するごとにポイントがたまる。

　ランチタイムでも並ばずに入店できるし、テイクアウトの予約もできて便利だ。

　現在は、個人の利用者から好評なだけでなく、飲食店側からも効率化が進んだという良い反応が寄せられている。利用料と広告料の収入で利益率も高い。

◆ビジネスモデルの「穴」

　しかし、『スイテル』が軌道に乗るまでには紆余曲折があった。その1つが、ビジネスモデルの落とし穴だった。

「念のためさ、法律的な穴がないか知り合いの弁護士さんに見てもらわない？」

　3人で知恵を絞ってビジネスモデルを構築した際、最後にハルカがそう提案した。大盛り上がりとなったビジネスモデル

7

だったが、ふと以前BAR LUSHで真部と名乗った弁護士との会話を思い出したのだ。2人は半信半疑だったが、「ハルカがそう言うならば」と、真部を新設したばかりのオフィスに一度招くこととした。EATingを訪れた真部は、「川名社長らしいきれいなオフィスですね」とニコニコしながら言った。

　ハルカは、ビジネスモデルを真部に向けて説明した。創業メンバーの勝田と津川も「いよいよだ」という表情で見守る。
「『スイテル』の特徴は、ランチをメインに空いている店内での飲食やテイクアウトの予約ができることと、ポイント現金化のシステムです。学生や主婦層などにもリーチできると見込んでいます」
　ハルカは説明をそう締めくくった。「では、真部先生お願いします」とハルカが話を振ると、これまで冷静に説明スライドを眺めていた真部はキッパリと「このビジネスモデルには、大きな問題が1つあります」と言い放った。
　3人が、「え？」と真部の顔を見る。
「ポイントについて、飲食店利用に使えると同時に"現金化もできる"とおっしゃっていましたよね。そうすると、**資金決済法**に反してしまうんです。ポイントをあくまで"おまけ"としてつけるのは問題ないのですが、現金化やポイントの売り買いは、違法になってしまうおそれがあります」
「そ、そうなんですか」
　津川は絶句して言った。
「しかし、それではサービスの魅力が半減してしまう……」
「いえ、そんなことないと思いますよ。空いているお店の予約

から決済までワンストップでできるのは魅力的です。SNSと連携できるアイディアもいいですね。それにポイントは現金化させずに、ポイントとして使えるだけにしておけば、次の予約や商品販売につながる導線にもなります。むしろ、御社にとってプラスに働くはずですよ」

　真部の説明に、創業メンバー３人ともが唸った。

　たしかにポイントを次の予約で使えるようにすることで、サービスのお得感は高まるはずだ。現金化するよりも長く使い続けてくれる利用者が増えるだろう。

　ハルカは他の２人が合意したのを見計らって、説明資料のポイント現金化の項目を削除した。

「次は**知的財産権**の保護と活用について検討しましょう。『スイテル』や『EATing』について商標出願はしていますか？」

　その後も、真部の説明はしばらく続いたのだった。

## ◆規約と契約を整える

　ポイント現金化や知的財産の保護や活用について指摘された後も、打ち合わせは続いた。3人とも、ビジネスモデルには他にも自分たちだけでは気づいていない漏れがありうることを感じた。もし致命的な「穴」があるまま、事業を進めていけば、人気サービスに押し上げるどころか会社の存続すら難しくなる危険性がある。専門家のチェックなくしてリリースすることへのリスクを感じたのだ。

「真部先生、ありがとうございます。他に気になる箇所はありますか？」

　ハルカの質問に、真部は答えた。

「そうですね。利用規約はどんなものを作っていますか？」

　この質問には勝田が制作中のサービスサイトのページを投影しながら、回答した。

「こちらを用意しています。美容院の予約サービスの規約を参考に作成しました」

「プライバシーポリシーはどこに入ります？」

「利用規約から飛んで、別ページが開きます」

　勝田はパソコンを操作して、プライバシーポリシーのページを開いた。

「気になるのは個人情報の利用をかなり制限していることですね。この書き方ですと、マーケティングに使えませんし、社外にデータ分析を依頼することもできません」

「え？　それは困ります……。利用者の情報はマーケティングに活用して、次の一手を考えられるようにしたいんです。どこに何を加筆したらいいですか」

「具体的な用途を教えていただければ、それを網羅した利用規約とプライバシーポリシーにしますよ」

その言葉を受けて、利用規約とプライバシーポリシーを真部に加筆修正をしてもらい、それを運用することとした。

「利用規約は形だけ作るのではなく、事業の成長につながるような内容にすることが重要なんです。会社に一方的に有利な規定は、消費者契約法により無効になるリスクもあります。民法や個人情報保護法の改正にも留意すべきです」

真部は真剣な顔でさらに続けた。

「EATingは株式公開を目指しているとお聞きしています。これからも継続的にリーガルチェックをしていきましょう。法律は損失を防ぐだけでなく、利益を生むためにも活用できます」

経営陣３人と真部の打ち合わせが終わり、ありがとうございましたと立ち上がろうとした時に「あ、川名さんだけ少しお時間ありますか？」と真部が言った。

勝田と津川は小さく頷いて「では、お先に失礼しますね」と会議室から出ていく。２人になると、真部からまったく聞いたことがない言葉が飛び出した。

「川名さん、今回３人で立ち上げたということですが、みなさんで創業株主間契約は結びましたか？」

「創業株主間契約？」

「はい。創業者が複数人いる場合に、その意思決定の方法や、その中の誰かが辞める際に残された創業者が株を買い取ることなどを決めた契約のことです。事業を本格的にスタートする前に、この契約は川名さん、勝田さん、津川さんの３名で結んでおいた方がよいと思いますよ」

ハルカはあからさまに戸惑いの表情を浮かべた。3人とも新しい会社と新しいビジネスに胸踊っているタイミングだ。この状況に水を差すようなことは言い難い。

　「先生のおっしゃりたいことはよくわかります。経営権争いの話は先輩経営者からも聞きました。でも……、私たちは付き合いも長いですし、それぞれのキャラクターもわかっています。私たちに限って、誰かが抜けるなんてことは考えられません」

　「多くの起業家の方がそうおっしゃるんです。でも現在の信頼と、未来にどのような事態になるかはまったく別問題です。もし、勝田さんか津川さんが意に沿わない辞め方をした場合、株の1/3を取り戻すことができないままになってしまいます。その場合、敵対的な株主を相手にしながら経営することになってしまいますよ」

　「……理屈ではわかっています。でも、私たちは大丈夫です！」

　ハルカは、事業開始の大事な時期に、信頼関係を失いかねない契約の話はしたくなかった。やっと事業を本格的にスタートできる、そんな喜びを味わっているタイミングでの真部の警鐘をハルカは受け入れられなかった。

　真部は「そうですか」と、それ以上食い下がらずに会議室を去っていった。創業株主間契約がなくてもうまくいっている会社もたくさんあり、経営者の立場から見ると、ハルカの思いもよく理解できたからだ。


　ポイントの現金化をやめ、利用規約を整えた『スイテル』の利用は徐々に広がっていった。飲食店業界では口コミが広がり、23区を中心に契約店舗が増えていった。さらに、注目の

ベンチャー企業としてWeb記事に取り上げられ、「便利アプリ特集」でテレビの取材が入ったことで、一般利用者の増加に拍車がかかった。利用者の増加と足並みを揃える形で、飲食店の導入数も右肩上がりとなり、全国の店舗へと広がっていった。

　「このサービスはうまくいく！」、そんな自信を持ってリリースしたサービスではあったが、ハルカたちにとってもこの勢いは予想以上のものだった。そんな嬉しい戸惑いの中で、EATingは2期目を終えることとなる。

## 解説
### ビジネスモデルのチェック

### 1 ビジネスモデルの適法性のチェック

　最近のIT系ベンチャー企業の新規ビジネスに関しては、以下のように多くの法令が関係します（図表1）。

図表1　ベンチャー企業に関する法律

**ガバナンス**
・会社法
・金融商品取引法
　（証券取引所規制、CGコード）

**リスク・規制**
・独占禁止法、下請法
・景品表示法
・暴対法
・プロバイダ責任制限法
・不正アクセス禁止法
・薬機法

**情報**
・特許法、その他知的財産関連法
・不正競争防止法
・電気通信事業法
・個人情報保護法
・マイナンバー法

ベンチャー企業

**取引**
・民法、商法
・消費者契約法、特定商取引法など
・資金決済法、出資法
・PL法
・各種業法
・国際取引関連法

**資金**
・民法、商法
・金融商品取引法
・税法
・各種融資補助金制度
・破産法、その他倒産関連法

**人事・労務**
・労働基準法、その他労働関連法
・派遣業法、職業紹介法

　ベンチャー企業は、アーリーステージで社内に法務部門を設ける人的・資金的余裕はありません。また、中堅以上の企業であっても法務人材は足りておらず、外部の弁護士との接点も少ないのが通常です。これらの企業では、財務体質が弱く、法的

リスクが顕在化した場合に取り返しのつかない事態になることが多いため、未然に法的リスクを察知し、低減すること（リスクマネジメント）が重要となります。例えばビジネスモデルに業法違反があると、行政罰としての制裁金や業務停止、さらには刑事罰もありえます。それによって、売上の減少やレピュテーションの低下が生じ、会社の存続にかかわる事態にもなりかねません。

　具体的なチェックポイントとしては、取引関連において、ビジネスモデルの適法性を確認し、必要な許認可がとられているかを確認します。特に<u>本件のようなIT系のベンチャー企業では、関連法規制が変更されることも多く注意が必要</u>です。法的リスクを解消するためには、まず弁護士等の専門家に相談することです。また、行政庁への照会や、新技術等実証制度、グレーゾーン解消制度、新事業特例制度などの活用も検討すべきです。

---

**新技術等実証制度（プロジェクト型サンドボックス制度）**
　AI・IoT、ブロックチェーン等の革新的な技術やビジネスモデルの実用化の可能性を検証し、実証により得られたデータを用いて規制の見直しに繋げる制度。

---

**グレーゾーン解消制度**
　事業者が、現行の規制の適用範囲が不明確な場合においても、安心して新事業活動を行い得るよう、具体的な事業計画に即して、あらかじめ規制の適用の有無を確認できる制度。

---

**新事業特例制度**
　新事業活動を行おうとする事業者による規制の特例措置の提案を受けて、安全性等の確保を条件として、「企業単位」で、規制の特例措置の適用を認める制度。

---

ビッグデータや決済手段を扱う企業では、資金決済法、個人情報保護法、金融商品取引法など複雑で専門的な法分野のチェックも必要になります。

　本件においても、ユーザーの個人情報の取得やポイントの仕組みの設計に関して、これらの法規制が関係します。ポイントを現金化することは資金決済法上規制されており、おまけや景品としてポイントを付与することは規制されませんが、ユーザーが対価を支払ってポイントを取得し、代価の支払いに使える形の場合は、前払式支払手段としてさまざまな規制を受けるおそれがあります。ベンチャー企業にとっては重たい規制なので、規制を受けない設計（例えばポイントの有効期限を6カ月以内にする）にすべきでしょう。また、ポイントが景品表示法上の「景品」として規制されることもあります。

　これらの規制の有無については、ビジネス開始前に適法性をチェックをするのが望ましいものの、ベンチャー企業の場合スピードも大事なので、ある程度リスクを取ってグレーゾーンでスタートせざるを得ない面もあります。そのような場合、定期的に法規制の確認をしつつ、商品やサービスに新機能を付けたり新分野に展開する際に再度チェックすることが必要です。

　法律は後ろ向きなイメージがあるかもしれませんが、法規制を熟知し、改正を先取りすることによって、他社との競争で優位に立つことが可能になるという前向きな使い方もできます。

　主要な取引先に関しては、取引の実態と契約書の内容にずれがないか、契約書の内容に不利な点がないか、契約違反になる状況が発生していないかなどを、契約書のレビューと担当者へのヒアリングによって確認すべきです。

　消費者を相手にする取引の場合は、消費者契約法、特定商取引法、景品表示法など消費者保護関連法令上の問題のチェックが必要になります。利用規約によってユーザーとの間の権利義務を定めている場合は、2020年4月の民法改正の施行により定型約款に関する法規制にも注意が必要です。

　ベンチャー企業の成長のステージは一般的に以下のようなイメージです（図表2）。図の中の↔は資金調達先の例を示しています。

図表2

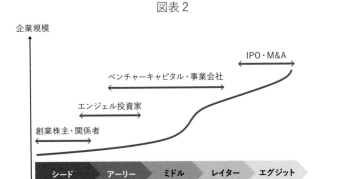

## 2　組織が整備されているかのチェック

　組織関連のチェックでは、まず、会社の機関、株主の管理状況、ガバナンス体制が整備されているかなどの検討が必要になります。株式会社は資本金1円でも設立できます。業種にもよりますが当面の資金繰りや取引先等からの信用を考えると、500～1000万円は確保しておきたいところです。

具体的には、株主総会や取締役会が適切な時期に開催され、適法な決議がなされているか、株主名簿や定款その他の規則が整備されているかなどを確認します。特にベンチャー企業においては、株主総会の招集や決議の手続きに不備があったり、取締役会が会社法の求めるように四半期に１回開催されていなかったり、特別利害関係人が参加したまま決議されていたり、競業取引や利益相反取引の承認や事後報告がなされていなかったりというケースがよくみつかります。

　株式の譲渡や役員の変更が適法になされているかも確認します。株式譲渡が適法になされていないなどの理由で、株主の一部が不明な会社もありますが、不明な株主の割合が大きいと、過去の株主総会決議の有効性にも影響するため大きな問題を抱えていることになります。

　創業メンバーにおける創業株主間契約や、今後の資金調達に関連する資本政策の在り方についてもチェックすべきです。創業株主間契約は、創業者の誰かが辞める場合の株式の買取請求権（株式数、買取価格、買取る者など）や、意見が一致してない場合の決定方法などを定めます。創業メンバー間の信頼関係が十分と思われていても、病気や事故や経営方針の違いなどでメンバーが離脱することはあり得ます。その時に、株式の買取りを巡ってトラブルになり会社の経営に悪影響を与えないよう、早い時期から契約を結んでおくことを検討しましょう。特に、株式公開や会社の売却によるエグジット（出口戦略）を考えている場合、後日大きな問題が見つかっても、関係者が多くなり、遡って修正することは困難なケースが多いので、手遅れにならないよう先手で整備していく必要があります。

> **株式公開(IPO)**
>
> 　株式会社が自社の株式を証券取引所に上場し、自由に譲渡できるようにすること。
>
> 〈メリット〉
> ・会社の知名度と社会的信用力の向上
> ・資金調達の円滑化・多様化
> ・企業体質・社内管理体制の充実
> ・株主の資産価値向上
> ・創業者メリット(創業者は株式売却益等を得られる)
>
> 〈デメリット〉
> ・情報開示等の義務
> ・株主対策・IRの必要性
> ・管理コストの増大
> ・経営責任・社会的責任の増加
> ・敵対的買収・投機取引のリスク

> **エグジット**
>
> 　創業株主が会社の株式を第三者に売却して利益を得ること。株式公開により、株式市場で売却する方法と、M&Aにより会社を売却する方法がある。

　本件でも、気心知れた取締役同士でスタートした会社だったので、会社法に従った運営はあまり意識されていませんでした。真部弁護士のアドバイスによって、今後は資金調達やエグジットを見据えて、しっかりと会社法に従った運営を行うことになりました。

## 3　知的財産権でビジネスモデルを守る

### (1)　知的財産権についての戦略

　ビジネスモデルやブランドをどのように知的財産権で守るかは、企業の成長にとって大変重要ですが、必ずしもその重要性に気づいていない経営者も多いのが実態です。仮に特許にならなくても、特許出願中というだけで競合へのけん制になった

り、資金調達にプラスに働いたりすることもあります。特許権や商標権は先願主義であるため、他社に取られないようにするためには先に出願することが必須です。特に特許については、どのような内容で取得するかによって、その後の競争力に違いが出てくるため、明細書の記載を工夫して、いかに強い特許にするかの検討も必要になります。

　また、技術の内容によっては、特許化せずに営業秘密として管理することも検討すべきです。営業秘密は、秘密管理性、有用性、非公知性の3要件を満たせば無期限に保護されますが、秘密として厳格に管理する必要があります。特許出願は公開されるので、競合相手により、特許権侵害にならない範囲で似た商品を製造・販売される恐れがあります。また、保護期間は出願から20年に限られます。

　本件のように、商品を分解・解析することで技術や製造方法がわかってしまうものは秘密性を維持することは難しいので、特許化を試みるべきですが、そうでない場合は営業秘密として管理すべき場合もあります。

　知的財産権の種類は次のとおりです（図表3）。自社のビジネスをどの権利でどのように守るかをしっかり検討しましょう。

図表3

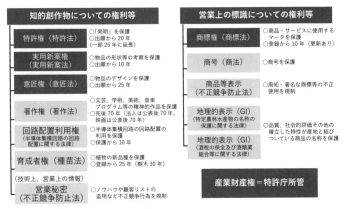

出典：特許庁「2020年度　知的財産権制度入門」
(https://www.jpo.go.jp/news/shinchaku/event/seminer/text/2020_nyumon.html)

　自社のビジネスを守るためには、<u>早い段階から専門家に相談</u>して、<u>最適な知的財産の保護・活用戦略を検討すべき</u>です。ビジネスの最初にきちんと活用と保護の戦略を立てておかず、会社が大きくなって余裕が出てからにしようなどと考えていると、第三者に先を越される、法的な保護が受けられないなどといった状況に陥りかねません。起業したばかりのベンチャー企業が大企業と提携する際にも、大企業に技術を取られてしまわないよう知的財産の保護と契約上の手当てが重要になります。大企業との共同開発において、契約上成果物の権利が大企業のみに帰属したり、開示した技術を大企業が開発の目的以外で使ったりということが起こっています。

　知的財産分野は、技術の進化や社会の変化に合わせて毎年のように法改正がありますが、<u>それに事後的に対応するだけでなく、改正を先取りしてビジネスに活かす視点も重要です。</u>

## ⑵　ビジネスモデルと商標取得

　EATingの現状のビジネスモデルにおける予約システムは、すでにその内容が公表されていて新規性がないので特許化は難しいものの、予約システムの名称である「スイテル」と、サービス主体としての「EATing」については、弁理士に依頼して商標権を取得することにしました。それによって、他者は登録商標と同一または類似の商標を指定商品・役務（本件では飲食・宿泊などのサービス）で使うことはできなくなります。ブランドを確立することにより、排他的なビジネス展開が可能になります。

　「スイテル」のようなシステムは真似をすることは容易なので、いち早く多くのユーザーを獲得して知名度を上げてブランドとして確立することが肝要です。そして、そのブランドを商標権でしっかり守る必要があります。商標出願は本人でもできますが、適切なネーミングの商標を必要十分な指定商品・役務で出願するためには弁理士に相談すべきです。その場合の費用は、出願時と登録時の合計で一区分15万円程度です。出願から登録までは6〜10カ月かかります。

　また、資金調達の際や株式公開の際にも、知的財産権の取得や管理の状況がチェックされます。権利の帰属や権利侵害に関して紛争があったり、重要な技術が知的財産として保護されていなかったりするとマイナスの評価を受けてしまいます。知的財産戦略は最初が肝心であり、事後的に改善することが難しいものです。

CHAPTER

2

# 創業メンバー
# CTOの退任

本章は、共同経営者の退任（持ち株の
買取や競業避止義務違反）について、
会社法・労働法・不正競争防止法を中
心に解説していきます。

# 2 創業メンバーCTOの退任

## ◆造反の兆し

　最初は3人からスタートした会社も、アプリのバージョンアップや問い合わせへの対応などに人員がどんどん必要になった。メンバーを増やし、3期目の現在はアルバイトも合わせると20人の規模となり、拡張したオフィスもすでに手狭になっていた。

「おはよう」

　ハルカはドアを開け、いつものようにメンバーに声をかける。みんな少しだけパソコンから顔を上げて、「おはようございます」と返した。デスクに荷物を置くと、毎日の習慣に沿って、コーヒーを淹れにいく。給湯室でカップをもつと、突然後ろから声をかけられた。

「ハルカさん、ちょっといいですか」

　エンジニアの宮田だ。ハルカの2歳下と若いがとても優秀。もともと新卒で大手企業に入ったが、自由に働きたいからと退職し、そのタイミングでエンジニアを欲していたEATingを友人から紹介された。ベンチャーであるEATingは目が回るほど忙しいことも多い。しかし、帳尻が合いさえすれば、どこで働こうが何時間働こうが規則に縛られることはない。そんなところが気に入っていると、前に宮田は話していた。

「どうしたの？　宮田くん」

「ちょっと相談したいことがありまして。今日、ランチの時はお時間ありますか?」

後ろを振り返り、声を潜めながら宮田が言った。

「ん?　大丈夫。ランチミーティングは入ってなかったはず」

「では、後ほど宜しくお願いします」

宮田はそそくさと、その場を離れる。後ろ姿を目で追いながら、ハルカの心はざわついた。一体どうしたというのだろう。

宮田には、12時に会社から少し離れたイタリアンレストランに来るよう指定した。様子から察するに、会社のメンバーには聞かれたくない話だろうから、オフィスを連れ立って出るのではなく、待ち合わせ場所をメールしたのだ。

ハルカが到着すると、既に宮田は壁側の2人がけの席に座っていた。「お待たせ」と声をかけると、宮田は「ありがとうございます」と頷いた。

ハルカはすぐにでも要件を聞き出したかったが、話しづらいことかもしれないと、焦る気持ちを静めた。軽くパスタを食べながら他愛もない話でもした方がいい。それぞれランチセットを頼み、いま取り組んでいるプロジェクトや身近なメンバーの話と、最近のプライベートについて話をした。

半分くらい食べ終わったタイミングで、「それで聞いていただきたいことなんですが」と宮田が口火を切った。ハルカが頷くのを見て、宮田は声のトーンを落として話し始めた。

「津川さんの件なんですが……」

「……津川がどうしたの?」

津川とそりが合わないという相談だろうか……などとハルカ

27

は考えを巡らせる。

しかし、返答は予想外のものだった。

「津川さん、ガブリンから引き抜きの声がかかっているみたいなんです」

「……ええっ？　津川が？」

あまりにも予想外で素っ頓狂な声が出た。津川は、EATing立ち上げメンバーで、現在はCTO（Chief Technology Officer）として技術部門を担っており、EATingの株式の３分の１を保有している。メーカー時代からだから、ハルカとはもう６年の付き合いになる。

ガブリンは、EATingの競業で同じように飲食店予約サービスを運営している企業だ。最近はランチとカフェタイムの予約ができるお店の充実を図り、ノマドワーカー達のミーティングスペース需要にマッチしたサービスを展開し、シェアを拡大している。

「でも、津川から不満は聞いていないし。以前も、ガブリンには負けないシステムにしていこうと話し合っていたから、そんなはずはないと思うけれど……」

少し自信がなくなる。最近は忙しさにかまけて経営陣３人でビジョンを語り合うこともなくなっていた。今、津川が何を考えているのか、その心の内をハルカはわからなかった。

「もちろん、僕だって違っていてほしいです。でも……、」

「ごめんなさい。あまりにも信じがたいことだったから。宮田くんがそう思ったのはどうしてなの？」

「実は僕、津川さんに転職を誘われたんですよ。最近飲み会やランチによく声をかけられ、結構プライベートの話をするよう

になって。まだ奨学金が返し切れていないことをぽろっと話したら、もっと条件が良いところに行かないか？　と……」

「その条件が良いところというのが、ガブリンだったのね」

「はい。津川さんはガブリンの経営層から直接声をかけられているようです。何人か見込んだエンジニアを連れてこいと言われているみたいで、僕には特別に声をかけた、と。どこもエンジニアは不足していますからね」

「……なるほど。まだ頭が整理し切れていないけれど、よく話してくれたね。ありがとう。……言いにくいと思うけれど、宮田くんの心は揺れなかったの？」

「正直、今よりも月収が７万円上がるという話はとても魅力的でした。でも……。僕は "いくら稼ぐか" より、"どう働くか" の方が重要だと思ったんです」

　宮田はEATingに対して、静かながらも愛情を持ってくれていたようだ。宮田が入社するときに、彼の希望を数回にわたりヒアリングした。どんな働き方がしたいのか、何がしたいのか。希望をとことん聞いてすり合わせたこと、そしてEATingの「やるべきことをやれば場所・時間にはとらわれなくていい」という考え方に心底賛同してくれているらしい。

「それに……」

　宮田はさらに言いにくそうに、目を伏せた。

「なぜそんなに良い条件なのかと尋ねたら、『良いお土産を持っていくから』と言っていたんです。つまり、それって……」

「まさか、機密情報も持って行くっていうことなのかな……」

　社員を連れて退職するだけでもいきなり顔を殴られたような気持ちなのに、さらにハルカたちを裏切るような行為を津川が

するなんて考えたくない。しかし、可能性は十分にあった。

「津川のことはとてもショックだけど、宮田くんの気持ちを聞けて嬉しかった。これから津川の動きを調査してみる。宮田くんには迷惑がかからないようにするから安心してね」

ハルカの言葉に、宮田は少し目を細めた。緊張で強張っていた表情も緩む。自分が津川を裏切ったような気持ちになり、葛藤し続けていたのだろう。

ハルカは伝票を持つと、自分の分のお代を払おうとする宮田を外に出るように促し、「私1本電話していくから、宮田くんは先に帰っていて」と見送った。

### ◆弁護士真部への相談

ハルカはスマートフォンを取り出すと、真部に電話をかけた。2コールですぐに真部の明るい声がする。

「川名社長、お電話ありがとうございます。もしかして、飲み会のお誘いですか？」

津川の件で暗い気持ちのハルカだったが、いつもの軽妙洒脱な語り口の真部に、つられて少しだけ笑みを浮かべた。お酒が入っていても入っていなくても真部の調子は変わらないようだ。

「先生、お酒の席ではなく今日どこかでお時間いただけないですか？　急なご相談があります」

"お酒の席ではなく"を幾分か強調しておく。

「どうしたの。何かありましたか？　これから14:30までは時間があるけれど」

すぐ真面目な声に切り替わった真部に「ありがとうございます。15分後に伺います」と言って、電話を切った。

　真部とは、初回のビジネスモデルの相談時から顧問契約を結んでいた。真部のオフィスは表参道の大通りから一本入ったビルの３階にある。タクシーに乗れば数分で着く距離だが、思考を整理したいハルカはレストランから歩いて向かった。

　ビジネスモデルの相談をした際に真部が言った創業株主間契約の話をハルカは思い出していた。あれから、気になりながらも勝田・津川に言い出せずにいた。「私たち３人ならば大丈夫」と自分自身に言い聞かせてきたのだ。

　津川の造反は、いまだに信じられない。話が本当だとしたら、どうすれば良いだろう。会社の技術責任者である彼がいなくなることは、経営にとって大きな痛手だ。同時に、長い付き合いでお互いに信頼し合っていると思っていた相手からの裏切りに涙がこぼれそうになる。

　しかし、ここで立ち止まっては、ガブリンではなくうちを選んだ宮田に申し訳が立たない。津川が何名の社員に声をかけ、実際に何名の心が動いているのか今の時点ではわからないが、会社を守るためにしなければいけないことはたくさんある。

「川名さん、いらっしゃい」
　真部はハルカをオフィスに招き入れると、ソファをすすめた。ハルカが荷物をおいてお礼を言うと笑顔の素敵な女性がお茶を運んでくる。聞けば、真部の秘書だという。
「先生、急にすみません。実は相談がありまして……」
　ハルカは先ほど宮田から聞いた件を真部に話した。話の最後に、確証を掴んでしかるべき対応をとりたいこと、そして「創業株主者間契約の話をしていただいていたのに対応を取れず、

申し訳ありませんでした」と言いそえた。

　真部は何も言わずに頷いて、「さてと」と立ち上がってホワイトボードに向かった。＜調査方法＞と大きく書き、その下にto doを箇条書きにしていく。

> ・貸与しているスマホの通話、メール記録をチェック
> ・貸与しているパソコンをチェック
> ・勤務時間中の不自然な外出予定のチェック
> ・機密情報が収められているサーバーへのアクセスを確認
> ・宮田や関係者からの詳細な聞き取り
> ・ガブリンの最新情報と津川との接点の調査
> ・その他

「まずはこれらの方法で調査をしていきましょう。ポイントは、**機密情報の持ち出しの立証**です。業務時間中に競合他社と連絡を取り合っていた場合は、**取締役の義務違反**で責任を問えることもありますが、そこまで間抜けではないでしょう。調査については、社内の人に話せば波紋が広がるでしょうし、もしかしたら複数人が引き抜きにあっているかもしれませんから、なるべく黙っておいたほうがいいですね。川名さん自身でできるところまで探ってみてください。……すでに転職先と話ができているようなので、近日中に本人から申し出があるはずです。必ず話し合いの内容は録音しておいてください。その結果を踏まえてしかるべき法的対応を考えましょう」

　真部の的確な指示にハルカは黙って頷き、「やはり私が覚悟を決めるしかないんだ」と深く息を吐いた。

## ◆怒りの話し合い

オフィスに戻ると、宮田が不安そうな視線を向けてくる。ハルカはニコリと笑顔を返して、何事もなかったように自席についた。

気は進まなかったが、今調査をしなければ後悔することになるだろうとハルカは思った。自分ひとりのことであれば、津川の裏切りを知りただ落ち込んでいてもいい。しかし、この会社で働くメンバーのことを考えると、ハルカには悲嘆にくれている時間はなかった。

津川に貸与しているスマホの通話・メール履歴は、本人からスマホを返してもらわないと調査できないのでもう少し確証が取れてからにしよう。まずは、パソコンのメール履歴や作成文書のチェックだ。システム管理責任者は、ハルカにしてある。ガブリンとのメールのやりとりが残っていないか、ひとつひとつ当たろう。

津川はシステムに明るい人間である。そう簡単に尻尾は掴ませないだろう。であれば、こちらも粘り強さが必要だ。

次は、サーバーへのアクセス履歴だ。これは、なかなか骨が折れそうだ。今夜泊り込んで調べてみよう、そんなふうに腹を括ったところで津川からメールが来た。一瞬、調査しているのがバレたのかとハルカはヒヤリとしたが、そんなはずはない。一呼吸置いて、メールを開いた。

メールは、ハルカと勝田宛だった。「明日1時間ほど時間をもらえないか」という内容だ。ハルカは、自分と勝田のスケジュールを確認して明日の夕方を指定した。

どうやら津川の退職はそう遠いことではないらしい。再び、ハルカの心は揺れた。しかし止まってはいられない。営業に出ている勝田に電話をかけながら、誰も居ない会議室に移動した。少なくとも勝田には津川のことを伝えておくべきだろう。

　電話がつながり、事の顛末を話すと、予想通り「そんなはずないだろう」と勝田の声が返ってくる。ハルカは「私もそう思いたい」と同意しながら、宮田から聞いた話を伝えた。そして今、一縷の望みを持って調査をしていることも。明日までにできることをしてしまいたいと思っている、そう言って電話を切ると、ハルカは再び、パソコンと向き合った。


　翌日、ハルカは何も掴めないまま津川との話し合いを迎えた。パソコンのメール先を根こそぎ洗ったが、不自然な点はなかった。また、徹夜でサーバーへのアクセスログを調べたものの、技術の責任者である津川であれば閲覧しても問題はないだろうというものばかりだった。

　ハルカと勝田、そして津川の３人で会議室へ移動して、対面して座った。いつもの通り、津川は飄々としている。ハルカは津川に動揺を悟られまいと、できるだけ平静を装った。多少笑顔なども交えて、軽口のように尋ねる。

「改まっちゃって、どうしたの？　……それで、話ってなに？」

「……ちょっとさ、……申し訳ないんだけれど。俺、この会社を抜けさせてもらいたいと思っているんですよ」

　隣に座っている勝田の体がピクリと動いたのがわかった。ハルカは「やはり」と思いながらも驚いた声を出した。

「え！　一体どういうことなの？」

「このままこの会社にいて良いのかな、と思ったんですよね。エンジニアとして、まったく新たな挑戦ができる場にいきたいという思いが強まって」

「今の仕事に不満があるの？」

「いや。不満とかではなくて……。全然やったことない領域にチャレンジしたくなったという感じかな」

　競合他社に良い条件で移るくせに、何が"新しいチャレンジ"だ、そんな白けた気持ちでハルカが聞いていると、突然勝田が口を開いた。

「そんなこと言って、本当は同じようなサービスの会社に移るんじゃないのか」

　ハルカは驚いて勝田を見た。いつも冷静な勝田が怒りを隠せずにいる。会議室の空気がピリリとしたのを感じて、津川が誤魔化すように笑った。

「……何言っているんですか。そんなはずないでしょう。まったく違う業界で、まったく違うチャレンジをしたくなったんです。結局、僕はマネジメントではなく、現場でエンジニアがしたかったと気づいた、ただそれだけです」

　ハルカは、勝田の怒りのボルテージがさらに上がったのを感じた。これはまずい。おそらくこのまま話し合いを続ければ、勝田は津川を問いただし、秘密裏での調査がバレてしまう。

「……そっか。津川の意向はわかりました。でも、急に抜けられると穴が大きいから、色々と相談をさせてください。引き継ぎとして詰めておかなければいけないことを、お互いに洗い出しましょう」

　ハルカはそう言って、その場を切り上げた。津川が出ていった会議室で、ハルカは勝田の肩をポンポンと叩いた。津川に怒りの拳を上げたいのはハルカとて同じだ。勝田の気持ちは痛いほどわかっている。でも堪えてほしいと、その手で伝えた。


＜津川が退職を申し出ました＞
　会議室を出ると、真部にメールを打った。5分と間をおかずに、真部から返信が来る。
＜役員が社員を連れて退職して、競合他社に行くことはよくあります。それだけでは法には触れない。でも、勤務中に転職準備をしたり、無理やり社員を誘ったり、機密情報を持ち出したりすれば法律違反になります。引き続き調査してください＞
　ハルカはスマホを伏せると、再びパソコンのアクセスログの解析に移った。「手伝います」と、いつの間にか隣に立っていた宮田が心配そうな顔でそう言ってくれた。

## ◆裏切りの発覚

　渋谷の夜が明けた頃、ハルカと宮田は社内のサーバーから不自然な点を見つけ出していた。津川が予約システムのコア技術にアクセスし、それをダウンロードしていたのだ。そして、同日にUSBを接続した際に起こるアラームが起動している。

　エラーアラームを切ることができるのは、システム担当者とハルカだけである。アラームが鳴ってすぐに消せば誰にも気づかれない。誰かシステム担当の共犯者がいるはずだ。

　しかし、その履歴を完全に消去することはできない。津川もリスクを承知でバレないほうにかけたのだろう。システムには素人で、人を信用しやすいハルカのことをあなどっていたのかもしれない。

　おそらくコアシステムの情報をUSBに移し、ガブリンへ持っていくというのが津川の引き抜きの条件なのだろう。宮田の言っていた"お土産"が、これにより立証されたことになる。

　ハルカは徹夜でボサボサになった髪をかきあげて、ソファに横になった。2時間くらい眠ろう。そして、目覚めたら今日すべきことを考えよう。混濁する意識の中で、サービスがローンチした時の3人が見えた。ハルカも勝田も、そして津川も、満ち足りた笑顔だった。


　翌朝、さらにハルカを苦しめる事態が起こった。今年から新プロジェクトのリーダーに抜擢していたシステム担当の伊藤が退職の相談をしてきたのだ。伊藤は、入社当時から特に津川を慕っていた。コアシステムへの不自然なアクセスの共犯者で、ともにガブリンに移る意向なのだろうと想像できた。

ハルカは「伊藤くんが抜けると穴が大きいから、少し保留に
させてもらえるかな」と伝えた。

　勝田に津川の裏切りの証拠と伊藤の退職の意向の話を伝える
のは気が重かった。勝田のことだ。また静かに怒り、悲しむだ
ろう。しかし、津川がいなくなった今、ハルカのパートナーと
呼べるのは勝田だけだ。ともに乗り越えていくしかない。


## ◆対決の時

　ハルカは、再び真部の事務所を訪れていた。幸い持ち出され
た技術情報は致命的なものではなかったので、なるべく穏便に
すまそうと決めていた。

　ハルカが真部に、津川の不正の発覚、伊藤の退職の意向につ
いて話すと、真部は「津川さんと伊藤さんには、個別で話し合
いの場を設けてください。私も同席します。その場で決着をつ
けるために、解決のプランを事前にいくつか検討しておきま
しょう」と言った。その後も2人の法的責任をどこまで追及す
るか、逃げ道を作ってあげるかなど、話し合いの方向性につい
ての検討が続いた。

　いよいよ、本人たちと対決の時がきたのだ。


「今日は時間を取ってくれてありがとう」

　ハルカは努めて冷静に津川と対峙した。

「これから津川さんの処分についてお話しします。私は創業メ
ンバーで一緒に苦労してきた津川さんと戦いたくはないので、
ぜひ弁護士の提案を受け入れてください」

　淡々と宣言したハルカを、津川は身じろぎもせず、ただ呆然

と見た。ハルカの言葉を継いで真部は説明を続けた。

「取締役には、会社法上、**競業避止義務**と**秘密保持義務**があります。津川さんはこれに違反し予約システムのコア技術を持ち出しましたね。証拠は全て揃っています。**不正競争防止法違反**による刑事罰もあります。また、津川さんがガブリンから引き抜きを受け、伊藤さんと一緒に転職しようとしていることもこちらで掴んでいます」

　津川は、もう2人を正面から見ることもできずに、うなだれて何も言わなかった。

「こちらとしては解任という方法を採ることもできますが、そうなると別業界の企業に移るにしても、解任という事実は明らかに経歴に傷をつけることになるでしょう。そのため、川名社長のご意向で、"辞任"で手続きを進めてはどうでしょうか。保有されているEATingの株式も、当然無償で戻してもらいます。どうしますか」

　真部からは、もし津川が「証拠を見せろ」などと攻めに転じたらプランBでいこうと話していた。プランBとは、株主総会を開いて取締役を解任するとともに、不正競争防止法違反で民事上と刑事上の責任を追及するという方法だ。しかし、もう言い逃れができないと悟ったのか、津川が攻撃に転じることはなかった。

「わかりました。そちらの意向で進めてください」

　津川は小さくそう言った。真部はその言葉を聞くと、カバンから主に次の内容が規定された契約書案を取り出した。

- ・取締役を辞任すること
- ・EATingの株式をハルカに無償譲渡すること
- ・解決金として500万円を支払うこと
- ・退職後1年間は競業しないこと
- ・EATingを誹謗中傷しないこと

　津川は解決金を300万円に下げる交渉をしただけで、あっさり契約書案に同意した。ハルカもお金が目的ではなかったので、津川の気が変わらないうちに減額に同意することにした。判を押すと、津川は立ち上がった。真部は、津川がいったん持ち帰って弁護士に相談することも想定していたが、案外往生際が良いことに驚いた。

　会議室の外には勝田が待っていた。津川は勝田に肩を抱えられるように歩き、2人の姿はすぐに見えなくなった。
　勝田に全ての真実を話した際、「あいつもきっと悩んだんだと思う」と呟いたのがハルカの心に強く刺さっていた。だから、お互い異なる役割をしましょうと勝田に提案した。
「私は津川に引導を渡します。それが私の役割だと思う。勝田さんは津川が次に進めるように、そしてEATingでの日々がすべて嫌な思い出になってしまわぬように、フォローをお願い」
　勝田は「辛い役割をさせてごめんな」とハルカに言い、自身の役割を全うしてくれたのだ。

　続いて、社員の伊藤を呼んだ。従業員にも就業規則上、競業避止義務と秘密保持義務が課されている。「懲戒解雇にもなり

うる」という真部の言葉に、伊藤はビクリと顔を上げた。

　伊藤も津川と同様の扱いとし、"自己都合による退職"という扱いにする旨を伝えると、伊藤は終始「自分ではそんなつもりはなかったんです。津川さんから強く言われて仕方なく従っただけで……」と弱々しく言い続けた。おそらく、多少のやましさはあったものの法的に問題になるとまでは思っていなかったのだろう。

「津川はともかく、伊藤を退職に追い込んだのは私にも責任があります」

　ハルカは真部に言った。

「企業で働く上で何を守らなければいけないのか、社員に徹底しきれていなかった。これは社長である私の責任です」

　真部は少し間を置いて、「たしかに」と頷いた。

「伊藤さんの造反は防ぐことができたことかもしれませんね。私がEATingの顧問となったのは、川名社長に二度とその虚しさを味わわせないためかもしれません。これから、できることはたくさんあります。まずは、再発防止のために、秘密管理についてのルールの徹底と社員のコンプライアンス意識の向上施策を一緒に考えてみましょう」

　ハルカは、2人との話し合いで疲れ切っていた。もう社長という任すら投げ出したい気持ちになっている。しかし一方で、「できることはたくさんあります」という真部の言葉に、早くも取るべきアクションを洗い出している自分がいる。

　また歩み出そう。またはじめよう。執務スペースで仕事に没頭するメンバーを見て、ハルカは自分を奮い立たせていた。

## 解説
### 競業避止義務・守秘義務、営業秘密

### 1　在職中の競業の禁止

　取締役や従業員が会社を辞めて競合他社に転職すること自体は違法ではありません。在職中は、取締役には会社法上、忠実義務や競業避止義務が規定されており、従業員には就業規則や誓約書上同様の義務が規定されているのが一般的です。

　取締役や従業員が、業務時間中に競合他社との間で連絡を取って転職後の計画を練ったり、在職中に競合他社の仕事を開始したりすれば、忠実義務や競業避止義務の違反となります。業務時間外に私的に転職の準備をすること自体は自由です。

　退職の際に何人かの部下を引き抜いてやめることもよくあることです。これも部下が自由意思でついて行く場合は違法とは言えませんが、取締役や管理職の立場にある従業員が、多数の部下に対して強引な説得をして、会社に損害を与えるような形で引き抜くことは違法になるケースがあります。

### 2　機密情報の持ち出し

　機密情報を競合他社に持ち出すことは、取締役の忠実義務・善管注意義務違反や従業員の就業規則・秘密保持誓約書の違反になります。しかし、秘密保持義務違反とその損害との間の相当因果関係や損害額は、競合他社への情報流出が秘密裏になされて情報が競合他社で利用されてしまうため、流出された会社

のほうで立証することは難しく、契約違反というだけでは事前
の差止めもほとんど認められません。

　そこで、条文上で営業秘密の不正取得や開示行為と、その差
止め、損害賠償請求および刑事罰が規定されている不正競争防
止法違反を主張することが有効です。そのためには、秘密情報
が同法の規定する「営業秘密」に該当する必要があります。要
件は、(a)秘密として管理されていること、(b)公知の情報でな
いこと、(c)事業活動にとって有用であることです。特に秘密
管理性が問題になることが多いので、経済産業省が公表してい
る営業秘密管理指針などを参考にして、守るべき技術情報を洗
い出し、常日頃から秘密として管理することが重要です。

　本件の場合では、アクセス制限をかけて秘密であることが明
示されていたので、営業秘密については争いがないでしょう。

## 3　辞めさせる理由

　上記のような違法行為があり、会社に多大な損害を与える可
能性があったことを考えると、本件の場合では取締役の解任事
由、就業規則上の懲戒解雇事由があるといえます。

　取締役の解任は株主総会の過半数の決議が必要であり、本件
では、ハルカと勝田が賛成すれば可決されます。解任の事実は
商業登記（履歴事項全部証明書）に記載されることになるの
で、何らかの違法行為があったことが推測されることになり、
会社にとっても本人にとっても不都合な面があります。また、
本人が徹底的に争うと訴訟が長引き、取引先や従業員等にも悪
影響が出る恐れがあります。そこで、本件のように一定の金銭

の支払いと守るべき条件を付したうえで自ら辞任した形をとることもよくあります。

　また、従業員についても、懲戒解雇ということになると、公表はされないにしても次の就職の面接等で支障をきたす恐れがあります。今回の伊藤のように補助的な役割だった場合は、会社としてもあえて懲戒解雇にしないで諭旨解雇または自己都合退職を認めることもあります（懲戒解雇についてはCHAPTER 4参照）。本件のように、大きな損害が出る前に不正を見つけられたケースでは、本人のそれまでの貢献も考慮して、交渉上の逃げ道（退路）を用意することも1つの解決方法です。

　他方で、津川や伊藤が競合他社に転職すること自体を法的にいつまでも禁止することはできません。

　退職後の一定期間の競業避止義務は、就業規則や入社時の誓約書に通常規定されており、秘密保持義務違反の立証が容易でないことから、立証が比較的容易な競業避止義務を定める意味は大きいといえます。しかし、職業選択の自由との関係で、合理的な理由のない限り長期間にわたる避止は認められません。本件では1年間という限定で競業避止に合意させています。営業秘密の持ち出しという違法行為があったため、この程度の競業避止は問題ありませんが、そのような事情のない自主退職の場合は、十分な退職金も払わずに2年以上の競業避止を合意しても無効になる可能性が高いです。

## 4　不正調査

　企業は、コンプライアンス（法令・倫理の遵守）体制を構築

することが必要です。ベンダー企業では各人のコンプライアンス意識の向上が特に重要です。それが不祥事発生のリスクを回避・減少すること（リスクマネジメント）につながります。

　本件のような不正を防止するためには、不正のトライアングル（動機、機会、正当化）を生じさせないことが重要です。動機と正当化については本人の内心の問題もあるので会社としてできることには限界がありますが、機密情報の持ち出しの機会についてはコントロール可能であったといえます。

　秘密情報の持ち出しに関する不正行為の調査としては、業務プロセスの確認、関連書類の検証、パソコンやサーバーのチェック、関係者や本人へヒアリング等の調査を行いますが、パソコンや携帯電話の記録は既に消去されていることがあります。デジタルフォレンジックの専門会社に消去されたデータの復元を依頼することもできますが、時間と費用が掛かります。

　本件ではアクセス記録が残っていたので問いただせましたが、しらを切り通される恐れもありました。

　不正調査は、迅速に適切な方法で調査することが大事になり、関係者へのヒアリングや証拠収集は他の社員に与える影響にも配慮しながら秘密裏に行う必要があります。そのため、専門家のアドバイスや協力を得ながら慎重に行うべきです。

　なお、早期に不正の兆候を掴むためには、社員の会社への忠誠心を維持するよう心がけるとともに、一定の社員数に達したら内部通報窓口を設けることも検討しましょう。公益通報者保護法の改正（2020年6月12日公布、2年以内に施行）により、社員数300人超の会社には設置が義務付けられ、300人以下の会社にも設置の努力義務が生じます。

チェックリスト

- ☑ 会社の営業秘密は適切な方法で管理されているか
- ☑ 役員やキーパーソンが転職する兆候はないか
- ☑ 不正行為を未然に防ぐ体制の整備と、発生時の対応の検討はできているか
- ☑ 交渉の際は複数のオプションを検討し、相手方の逃げ道を用意しているか

**今回の重要法令**

**会社法339条 355条 356条　公益通報者保護法**

**不正競争防止法2条1項 同6項 3条 4条**

---

**ADVICE** 経営者へのアドバイス

● 機密情報の漏洩は事後的な法的救済が難しいので、アクセス制限などの管理を徹底すべきです。

● 転職者に対しては、秘密保持義務に加え競業避止義務を課すべきですが、制限できる範囲は限定的です。

● 不正については早期に発見し、迅速・適確に調査し、必要な対策を行い、再発防止を図ることが大切です。

● 役員やキーパーソンとの信頼関係を維持し、モチベーションを向上させましょう。

# 資金調達を実現し、
# 今後の資本政策の策定へ

本章は、ベンチャーキャピタルからの資金調達の流れと株式会社における資本政策について解説していきます。

# 3 資金調達を実現し、今後の資本政策の策定へ

## ◆はじめてのピッチコンテストに参加

ハルカは、ベンチャー企業のピッチコンテストの会場にいた。事業のさらなる拡充に向け、資金調達に乗り出したのだ。ハルカが参加した証券会社が開催しているピッチコンテストには、**ベンチャーキャピタルやエンジェル投資家**などがたくさん参加している。ベンチャー企業各社は、その中で短いプレゼンテーション（ピッチ）をして、投資先を募る。

はじめて参加する会場の熱にやや圧倒されながらも、ハルカは持ち時間の5分を有効に使い、その後の質疑応答も含めて堂々とEATingの事業の有益性と可能性を伝えた。大きな拍手の後に、ハルカは壇上を降りた。

ハルカのピッチを受けて、ベンチャーキャピタルの担当者が声をかけてきた。起業家仲間には「資金調達はそううまくいかないので、まず腕試しに行ってきてごらん」と言われて送り出されていたので、初回にして反応があるとは思いもよらなかった。その内の1社と、早速名刺交換を行った。

「川名さん、素晴らしいプレゼンでしたね。EATingには大きな可能性を感じました。ぜひ、弊社に出資をさせてください」

「あ、ありがとうございます！」

ハルカはしどろもどろになりながらお礼を言った。もらった名刺にはパワーパートナーズの広瀬と書いてある。広瀬は高そ

うなスーツに妙に目立つゴールドの指輪をした40過ぎくらい
の男性だった。自社がいかに実績があり信頼性が高いか、
EATingとコラボレーションすることで価値をどう生み出せる
かを広瀬は語った。

　そんな広瀬にハルカはすぐにでも「お願いします！」と伝え
たかったが、言葉をグッと飲み込んだ。「広瀬さん、ありがと
うございます。後日条件面をお伺いして、検討させてくださ
い」と冷静さを装って言った。

　真部から「出資相手は上場やエグジットするまで長い付き合
いになるから、もしパートナーとして問題があった場合、取り
返しがつかないことになってしまう。くれぐれも慎重に」と言
われていたからだ。

　広瀬にお礼を言って、ハルカがその場を離れると、今度はメ
ガネをかけた素朴な雰囲気の50代くらいの男性が話しかけて
きた。ボソボソと「ビジョンスタートアップの原です。
EATingの事業、大変おもしろかったです。これまで飲食店予
約は夜の会食が中心でしたが、ランチを主軸にしたところがい
い。新たな顧客開拓の可能性がありますね。一方で……」、原
はEATingのビジネスモデルを適確に捉えていた。

「弊社のことをご理解いただき、ありがとうございます」

　ハルカは幾分落ち着いてお礼を伝えた。原は「御社に出資さ
せていただきたいと考えておりますので、ぜひご検討くださ
い。またご連絡をいたします」と言って去っていった。

## ◆条件面の大きな差

　翌日、ハルカはコンテストで声をかけて来たベンチャーキャピタルの担当者2人に、昨日のお礼と投資の条件を教えてほしいとメールを送った。すると、さっそくパワーパートナーズの広瀬から、優先株式と投資契約の条件について書かれた返信が来た。

「ねえ、すごいよ！　うちの価値を、考えていたよりずっと高く評価してくれてる」

　急いで勝田に報告した。

「おお！　予想以上だ。それだけ、うちの会社の価値を感じてくれているということですね」

「そうなの。投資のプロにこんなふうに評価してもらえるなんて嬉しいよね。もう広瀬さんに決めちゃおうか？」

「でも、もう1社交渉に入っているんですから、それを待ちましょうよ」

　喜びつつも冷静な勝田の言葉に、ハルカは頷いた。


　夕方、ビジョンスタートアップの原からも返事があった。優先株式の条件もほぼ同じだが、株価はパワーパートナーズより少し低かった。また、投資契約の条件面に関しては両社の間に大きな違いがあった。

「ねえ、勝田さん。2社の条件を見比べてみて、どう思う？」

　ハルカはパソコンの画面を勝田に見せた。

【パワーパートナーズの契約条件】

・年間の事業計画の事前承認

・M&Aを行う際の事前承認

・５年以内の上場

・広瀬がオブサーバーとして取締役会に参加

・みなし清算条項

　以上を遵守できない場合には、パワーパートナーズの出
　資額か時価による株式の買取義務。

　一方、後から送られてきたビジョンスタートアップの契約条
件には、事前に通知する事項はいくつか規定されていたが、厳
しい条件は一切示されていなかった。

　自身の会社の価値を高く評価してくれていたパワーパート
ナーズに決めようと考えていたハルカだったが、２社の条件面
での大きな違いが気になり、心が揺れた。

◆自分たちに合ったベンチャーキャピタルとは？

　真部のオフィスを訪ねたハルカは、２社の条件をなるべく客
観的に伝えるよう気を付けながら説明していった。

「川名さん、早計な判断をしなくてよかったですね。私は、今
回は条件面の要求が少ないビジョンスタートアップにするとよ
いと思います」

「え？ そんなに即決ですか？」

　ハルカは驚いた。メリット・デメリットを比較して、どちら
のベンチャーキャピタルにすべきか、腰を据えて話し合うだろ
うと想像していたからだ。しかし、真部はこの株価と条件を見

ただけで即座にビジョンスタートアップがよいと断言した。

「ベンチャーキャピタルとの契約において常々課題になるのが、ベンチャーキャピタルから過干渉を受けるということです。今回の場合、もし条件が厳しいパワーパートナーズにすれば、監視が厳しくビジネス上のチャレンジができなくなるでしょう。言いなりになるしかなくなってしまいます」

「でも、もしかしたら広瀬さんは積極的に弊社にアドバイスをしてくれようとしているのでは……？」

「それに、このみなし清算条項だと、上場せずに会社を売却する場合、ベンチャーキャピタルに利益の大半を持っていかれますよ。……実はパワーパートナーズの悪い噂を耳にしたこともあるんです。同じように会社を縛るような条件を出し、かなり経営面に口を出してくる。一方のビジョンスタートアップの原さんはこの業界も長く、ずっと伴走してくれるベンチャーキャピタルの担当者です」

　真部の話を詳しく聞くと、ベンチャーキャピタルは実績があり、相性が合うところを選ぶのが定石だという。信頼のあるベンチャーキャピタルから出資を受けることによって、その後の資金調達がスムーズに進むこともある。さらに、担当者が干渉ではなく、伴走してくれるという点も重要なのだそうだ。

「なるほど……。パワーパートナーズは、弊社の株式の評価を高く見てくださっていたので事業に価値を感じているでしょうから、残念ではあるのですが」

　ハルカがそう言うと、真部がキラリと目を光らせて続けた。
「川名さん、実はそこにも問題があるんです」
「え？ 高く価値づけてもらうことにもですか？」

「そうなんです。ほとんどのベンチャー企業は、資金調達を1
回で終えることはありません。シリーズA、シリーズB、シリー
ズCと続いていきます。今回5000万円の資金調達をしたら、
シリーズB以降では億単位の投資を得ることになるでしょう。
しかし、現時点での株価が高すぎれば、EATingがそれに見合
う成長をしないと、後の資金調達で、その株価以上で引き受け
てくれる投資家が見つかりにくくなります。だから、株式は適
正な価値評価に基づいて価格を決めておくべきなんですよ」

　ハルカは驚いた。資金調達は、そんなに先を見据えなければ
いけないものなのか。

「真部先生、ご相談に乗っていただき本当にありがとうござい
ます。ビジョンスタートアップと契約することについて取締役
会で決定したいと思います」

「はい、ぜひそうしてください。投資契約書は、しっかりレ
ビューする必要があります。それと、そろそろEATingにも会

計のアドバイザーが必要だと思います。もしよろしければコンサルティングファームをご紹介するので、一緒に資本政策を立てるのはいかがですか？　役員や従業員のインセンティブのためにストックオプションの発行も検討していきましょう」

　ハルカは、お願いしますと頭を下げた。これからは、中長期的に資金計画を立てなければ、EATingを成長させていくことができないことを実感した。

「真部先生をはじめ、専門家の方の力を借りて、ビジネスを拡大していきたいと思います」

　まっすぐな瞳でそう伝えたハルカの肩を、真部はポンと叩いた。「しっかりタッグを組んで頑張りましょう！」その笑顔にハルカは安心感をもったのだった。

## 解説

### 資金調達および資本政策に関する法的視点

　会社には、大きく分けて負債（デット）と資本（エクイティ）の二通りの資金調達方法があります。デットファイナンスは金融機関や親族など他人からの借入れ、エクイティファイナンスは株式の発行による資金調達のことです。デットは返済期間や金利が定められているのに対し、エクイティは返済の義務はなく、株主として処遇することになります。

　ベンチャー企業は信用力が低いことが多いため、ハイリスク・ハイリターンのエクイティで調達することがメインになります。公的機関による起業促進のための補助金や助成金も申請してみるといいでしょう。その他、クラウドファンディングやベンチャーコンテストの賞金などの活用もありえます。

　成長のステージごとの資金調達先は図表2（17頁）を参照してください。

　アーリーステージのベンチャー企業に投資する個人投資家のことをエンジェル投資家と呼びます。元実業家や大企業の経営者が多く、若手起業家の支援のために数百万〜数千万円を出資するのが一般的です。相性の良いエンジェル投資家から出資を受け、適切にアドバイスを受けることができると、うまく次の成長につながります。

## 2 ベンチャーキャピタルからの出資

### ⑴ 投資の内容

　主に、ミドルステージのベンチャーやスタートアップ企業に投資して高収益を得ることを目的にするファンドをベンチャーキャピタルといいます。ベンチャーキャピタルは、非上場会社に投資して会社を上場させたり、他のファンドに転売させたりするなどして投下資本を回収することを目的にする投資会社です。アイデアのみの段階から事業資金を提供して事業の立ち上げをサポートするものや、上場前のベンチャー企業に投資し、株式市場に上場した際に値上がり益を得ることを目的とするものなどさまざまなものがあります。その多くは、投資対象会社の経営に一定程度口出しをします。これをベンチャーキャピタルのハンズオンといいます。

　会社の経営権を保持するためには、創業株主の株式保有割合は少なくとも過半数、当初はできれば3分の2以上確保しておきたいところです。株主総会において、過半数あれば取締役の選解任や配当などの普通決議を、3分の2あれば新株の有利発行や会社の組織再編などの特例決議を、それぞれ可決することができるからです。ベンチャーキャピタルの株式保有割合、1株当たりの発行価格など、今後の資本政策や株主構成を検討する際には少数株主権にも注意が必要です。主な少数株主権は図表4のとおりです。

図表4

| 議決権・株式数要件 | 保有期間 | 単独・少数株主権 |
|---|---|---|
| 総株主の議決権の1%以上または300個以上 | 行使前6カ月 | 議題提案権、議案通知請求権 |
| 総株主の議決権の1%以上 | 行使前6カ月 | 総会検査役選任請求権 |
| 総株主の議決権の3%以上または発行済株式総数の3%以上 | なし | 会計帳簿閲覧・謄写請求権、検査役選任請求権 |
| | 行使前6カ月 | 取締役等の解任請求権 |
| 総株主の議決権の3%以上 | なし | 取締役等の責任軽減への異議権 |
| | 行使前6カ月 | 総会招集請求権 |
| 株主総会の議決権の10%以上または発行済株式総数の10%以上 | なし | 解散判決請求権 |
| 議決権ベースで6分の1超（法務省令（規則197）で定める数） | なし | 簡易合併等の反対権 |
| 単独株主権 | なし | 議案提案権、株主名簿閲覧・謄写請求権、議事録閲覧・謄写請求権、質問権、新株予約権原簿閲覧請求権 |

　また、多くの資金を調達したいために株価を高くしすぎると、その後の資金調達の際もそれが基準になってしまい、新たな出資が集まりにくくなる恐れがあります。既存株主は自己が引き受けた価格以下での新規発行には同意したがらないため、会社が成長していなくてもその価格以上で引き受ける投資家を探さざるを得なくなるのです。

ベンチャーキャピタルが投資する際は、ベンチャー企業に対して企業内容の精査（デューディリジェンス）を行います。デューディリジェンスでは、企業の財務状態、事業の将来性、コーポレートガバナンスの状況、重要な契約、コンプライアンス体制、人事、紛争等を総合的・多面的に調査されます。

　その上で投資が決まったら、企業価値の評価（バリュエーション）を行い、投資条件について規定した投資契約を締結します。同時に、他の特定の大株主との間で、経営方針、役員構成、資金調達、株式の売却等について定めた株主間契約も締結します。本件のようにベンチャーキャピタルは、普通株式より高い株価で、剰余金等について優先的な権利を規定する優先株式の発行を受けるのが一般的です。

　投資契約には、過去から現在において一定の問題が生じていないことを表明保証させたり、将来に向けて一定の事項を行うことや行わないことを誓約させたりする条項が詳細に規定されます。違法行為があったり、反社会的勢力との付き合いがあったりすると、この表明保証に違反して投資を受けられなかったり、投資を引き揚げられたりすることになってしまいます。

　将来の経営に関しても、取締役の指名権や事前承諾事項、禁止事項等が多数定められていて、経営の自由度を失うことがあるので注意が必要です。一定の財務状態を約束する財務制限条項や、より有利な契約を他のベンチャーキャピタルと締結する場合にその投資契約も有利な内容に変更する旨の最恵待遇条項が規定されることもあります。また、表明保証に違反する、一定期間内に上場しないなどの場合に、創業者がベンチャーキャピタルが保有する株式を一定の金額で買い戻す義務を定める株

式買取条項が規定されていることもあります。

　ベンチャーキャピタルは、投資先企業を上場させるか、その企業の株式を第三者に売却して多額のキャピタルゲインを得ようとします。第三者に売却する場合は、みなし清算条項によってベンチャーキャピタルが多くの利益を得ることがあります。この条項によって会社が清算したものとみなして、売却代金から他の株主より優先して分配を受けることができてしまうのです。また、上場直後にベンチャーキャピタルが株式を大量に売却すると、株価形成の障害になる恐れがあります。そこで、<u>上場から一定期間内は市場で持ち株を売却しない旨の合意をするのが一般的です</u>（ロックアップ）。

　このようにベンチャーキャピタルとの投資契約は、ベンチャー企業の経営者に様々な制約を課す内容になっており、将来にわたって厳しい足かせになることがよくあります。バリュエーションについても今後の資金調達のプランに沿って慎重に交渉すべきです。資金調達を急ぐあまり、用意されたバリュエーションや投資契約書のひな型をそのまま受け入れてしまっているケースもありますが、将来のことを考えて必ず弁護士や公認会計士にチェックを依頼するようにしましょう。

## 3　資本政策

### (1)　株主構成について

　ベンチャーキャピタル等から出資を受ける場合は、株主構成が変化します。<u>新株を多数発行すると、既存株主の株式保有割合が薄まっていくことになります。</u>これをダイリューション

（希薄化）といいます。

　株主割当の場合は、それまでの各株主の持株比率に応じて資金を入れることになるので、増資後の持ち株比率に変化は生じません。それに対して第三者割当の場合は、現在の株主以外の者に株式を割り当てるか、現在の株主にその比率を変えて割り当てるので、持ち株比率が変化します。**株式譲渡制限会社**においては、第三者割当増資を行うためには株主総会の特別決議が必要になります。これらの規制は、ダイリューションが発生することによって既存の株主を害さないようにするためです。

　創業者はダイリューションが起こっても、できれば3分の2か少なくとも過半数を持ち続けられるよう、資本構成を考えながらエクイティファイナンスを行うべきです。そうしないと、上場に向けてファイナンスを行う際や、提携・M&Aなどに自由度がなくなってしまいます。

　上場を目指す場合は、いわゆる安定株主をどのように確保するかも検討しておきましょう。従業員持株会やストックオプションなど、従業員や役員に株価上昇のインセンティブを持たすプランを入れることがよくあります。

　資本政策では、事業の成長に必要な資金の額や時期を考慮して、どのような株主にどのような条件で出資してもらうかを検討します。一度株主になった者を会社から追い出すことは難しくなります。反社会的勢力が知らぬうちに株主になっていたり、同族間で紛争が生じたりして、上場や会社売却の際に支障になるケースもありますので、将来のために信頼できる者に株主になってもらえるよう慎重な判断が求められます。

## ⑵　ストックオプションについて

　ストックオプションは、法律上は新株予約権と呼ばれます。会社が取締役・従業員等に対して、将来あらかじめ定めておいた価格で会社の株式を一定期間内に購入できる権利のことです。将来、株式が公開されて株価が上昇した場合に、取締役や従業員は時価より低い価格で権利を行使し、取得した株式を市場で売却することによってキャピタルゲインを得ることが可能になります。起業から間もない企業が、優秀な人材の確保やモチベーション向上と人件費を抑制するためにストックオプションによる報酬制度を導入することはよくあります。その他にも、第三者との資本提携や、ベンチャーキャピタル等からの資金調達、弁護士・公認会計士・税理士等の報酬の代わり、相続税対策などのために付与する場合もあります。

　ストックオプションの導入は、株主総会の特別決議で募集事項や割当てを決定することが必要です（取締役会設置会社は取締役会に委任が可能）。その上で、新株予約権割当契約書を締結し、新株予約権原簿の作成や新株予約権の登記を行います。

　無償発行で、付与対象者、権利行使価格・期間などについて一定の要件を満たせば、税制上課税繰り延べの優遇措置が得られる税制適格ストックオプションを利用することができます。

　また、上場を目指す場合、ストックオプションは発行済株式の10％程度が好ましいとされます。ベンチャーキャピタルも持分の希薄化を防ぐため、投資契約等で10％程度に制限するのが一般的です。上場が近づき、いざ幹部候補社員を雇う際ストックオプションを付与しようとしたら、すでに10％を超えていたということにならないよう計画的に導入しましょう。

## チェックリスト

- ☑ 今後、数年間の資金調達の必要性と手段について検討しているか
- ☑ ベンチャーキャピタルとの交渉のポイントを理解しているか
- ☑ 少数株主権や株主総会の決議要件を考慮に入れて株主構成を検討しているか
- ☑ ストックオプションの導入について検討しているか

**今回の重要法令**

**会社法236条 309条 369条等**

**租税特別措置法29条の2**

---

**ADVICE** 経営者へのアドバイス

●資金調達においては、調達を焦るあまり不利な条件で出資や融資を受けることがないよう注意すべきです。

●資本政策は後戻りができません。誰にどのような割合で株式を割り当てるかはよく考え、慎重に実行しましょう。

●株主の権利、株主総会や取締役会の決議要件など会社法の基本は経営者も知っておくべきです。

# 問題社員の
# 退職勧奨

本章は、解雇事由までは無い問題社員を退職勧奨によって辞めてもらうプロセスを解説していきます。

# 4 問題社員の退職勧奨

## ◆欠勤・欠席……やる気のない社員

「社長、今日どこかでお時間ありますか？」

　勝田が周囲を気にしながらハルカを呼び止めた。勝田とは長い付き合いだ。表情がさえないのは、きっと良くないことだろうとハルカは直感的に思った。良くないことならば、なおのこと早めに解決しなければいけない。

「ちょっと遅くなるけれど、18時くらいならひと段落する。どうかな？」

「はい、お願いします。会議室を確保しておきます」

　勝田は踵を返すと、すぐに自席へと戻った。


　18時の会議室。勝田は単刀直入に用件を切り出した。

「吉田の様子、どう思いますか？」

　吉田は中途入社して１年ほどの社員だ。前職のIT関連企業で５年ほど営業職をし、昨年期待されてEATingに入社した。周りの社員よりかなり年上になる。

　ハルカは最近の吉田の働きぶりを思い起こそうとしたが、はっきりとはイメージすることはできなかった。唯一、会議で眠たそうにしていた様子が記憶の片隅に引っかかる程度だ。

　EATingの売上は右肩上がりが続いており、社員も60人にまで膨れ上がっていた。急速にメンバーが増えたこともあり、社長のハルカは社員の一人ひとりの状況を把握することができず

にいるのだ。日常に追われ、社員の働きぶりも理解していない今の自分の状況に、ハルカはため息をついた。

「営業力に期待して採用した吉田さんね。そういえば最近、覇気がないように感じたことはあったかも。気になることがあったの？」

「そうなんです。実は最近、**無断欠勤**が頻発しているんです。出社しても、大事な会議に欠席するようなことが続いていて、取引先に迷惑をかけることもありました。チームリーダーである多賀から報告を受けて、ここ10日間ほど注意して見ていたのですが、ずっとそんな様子でした。多賀も何度となく指導していますし、私からも注意したのですが」

「注意して、どんな様子なの？」

「その場では、謝罪します。反省している様子で、今後は気をつけると口では言うのですが、直りません」

ハルカは「そう……」と息を吐いた。

「**メンタルヘルス**の問題はないの？」

うつ病などで出社がしづらくなっている可能性もある。その場合には、**産業医**と連携する必要も出てくるだろう。

「私も最初はそう思い、実際に産業医の先生と話をしてもらいました。しかし、本人は病気ではないと言ってまして……」

メンタルの疾患でないならば、それはそれで安心だが、問題の解決には繋がらない。「それと……」と、勝田は言いにくそうに話を続けた。

「吉田のものだけスマホのデータ通信料が突出していたので確認したんです。問い詰めると、私用での利用を重ねていたことが発覚しました。他にも前日の深酒が抜けていなかったり、必

要以上に部下に当たっているとの報告からパワハラの疑いもあります」

「それは、悪質だね……」

このまま続けば、他の社員にもいい影響は与えないだろう。

「パワハラは該当するかどうかまだ微妙です。しかし、メンバーたちに吉田に対する不信感が広がっているのは事実です。この状態では、会社として良い方向には進まないでしょう」

勝田の言う通りだ。信頼できないメンバーが身近にいれば、その不信感はどんどん伝播する。

「わかったわ。私が話をしてみる。一度、吉田さんとのミーティングをセッティングしてくれる？　念のため、真部先生にも相談をしておくね」

勝田は「そうですね」と言いながら頷いた。


◆業務改善を勧告

「吉田さん、今日は時間を作ってくれてありがとう」

ハルカは会議室で、吉田と向き合った。斜め向かいの席にはチームリーダーの多賀が座り、申し訳なさそうな表情を浮かべている。一方の吉田は無表情だ。ハルカは不気味さを感じながら話かけた。

「今日来てもらったのは、吉田さんに現在の働き方が合っていないのではないかと思ったからです。無断欠勤が続いているのは、認識していますよね？」

「申し訳ございません。でも、営業は家からもやっています」

ハルカの目から見て、吉田が言葉だけの謝罪をしているのは明らかだった。

「就業規則に従って吉田さんを戒告処分とします。これからどのように働き方を改善していく予定ですか？」

「……いや、もっと、頑張ります」

　吉田はふてくされたように言った。

「現在の仕事量を調整して負担を軽減することもできます。多賀さんからも勝田さんからも注意を受けてなかなか直らないということは、何か抜本的な解決策が必要だと思うんだけれど、どうですか？」

「そ、そうですね……」

「また、周囲からパワハラをしているのではないかという声も上がっています。気をつけてください」

「それは厳しく指導しているだけですから！」

　その後も吉田との話はらちがあかなかった。勤怠を確認すると深夜残業しているような日もあることから、仕事量を一旦軽減し、生活リズムを立て直すことからから始めてみようという話で決着した。

　吉田は「ご指摘の点を守ります。ありがとうございました」とふてぶてしい態度で礼を言い、会議室から出ていった。ハルカはその背中を見送りながら、「次の一手が必要かもね……」と呟いた。

◆改善しない勤務態度

「社長、吉田の件ですが、やはり改善は難しいようです」

　多賀から声をかけられたのは、ハルカが吉田と話した2週間後のことだった。すぐに会議室に移動して、ハルカは多賀に続きを話すよう促す。

「吉田さんの様子はどう？」

「社長に話をしてもらってから３日間は良くなっていたのですが、４日目に大事な会議に遅刻して。それからはまたボロボロでした。昨日今日は連絡もよこさずに欠勤しています」

「そうなのね。多賀さんとしては、近くで見ていて、改善は望めると思う？」

「……いえ、正直難しいと思います。仕事から気持ちが離れているなと感じるんです。それに、会社支給のスマートフォンのデータ通信量が、また増えているんです。業務量は少ないのに、明らかに他のメンバーよりも使用しているという状況です。感情が不安定で部下へのパワハラの疑いも続いています」

「わかった。次のステップに行くしかなさそうだね」

ハルカの言葉に、多賀はぺこりとお辞儀をして会議室から出ていった。


多賀との話を終えると、ハルカは真部に電話をした。吉田の問題行動の報告を受けた時点で、真部には一度概要を伝えている。その時には、ステップ１として戒告処分にした上で、業務内容を調整することで改善しないか、**解雇事由**にあたる行為がないかについて、しばらく様子を確認するよう勧められた。しかし、残念ながら戒告処分によっても吉田の働き方に改善は見られず、部下からの聴き取りの結果、パワハラの認定も疑わしい状況だった。

「川名社長、大変でしたね。では、次のステップ２にいく必要がありそうです。今後の会社の成長を見越した**人事制度の見直**しも必要になりそうなので、社会保険労務士として人事コンサ

ルタントをしている花村さんを交えて話をしましょう。今週中のどこかでお時間ありますか？」

　変わらない口ぶりに、ハルカの心は少しだけ軽くなった。

## ◆退職勧奨を行う

　真部と一緒に現れた人事コンサルタントの花村は、穏やかな笑顔が印象的な真部と同じ年頃の女性だった。

「EATingのシステムはかねてから使わせてもらっているので、お会いできて嬉しいです。『スイテル』はとても便利ですね」

　そう言って花村はチャーミングな微笑みを浮かべた。初対面ではあったが、ハルカは花村に信頼感を抱いた。

「そうおっしゃっていただけると嬉しいです」

　穏やかに始まった話し合いだったが、ハルカが吉田のことを伝えると花村は眉間にシワを寄せた。そして、一通り話し終えたハルカに、花村は言った。

「私は、社長から吉田さんへ退職勧奨をするのがよいと思います。真部先生はどう思われますか？」

　真部は頷いて、花村の言葉に応えた。

「私もそう思います。それに応じてくれればいいんだけれど。今の状況で解雇すると、解雇権の濫用を主張されそうです」

「そうですね。裁判は避けるべきでしょう」

　2人の深刻な様子にハルカは不安になる。

「あの、退職勧奨というのは……？」

「退職勧奨とは、会社側が従業員へ退職を勧めることです。ただし最終的判断は労働者に委ねられるので、すんなり退職するとは限りません。場合によっては拒絶されることもあります」

「なるほど……」

　その後、ハルカは2人から退職勧奨の進め方をレクチャーされ、次回吉田が出社した時には、すぐに話を持ちかけてみると伝えた。正直、自分が期待をかけて採用した社員を退職させるのは気が進まない。しかし、このままでは他のメンバーに悪影響が出ることは明らかだ。責任者としての決断が迫られていると、ハルカは感じていた。


### ◆退職勧奨を拒絶

　吉田が出社したのは、それから翌々日のことだった。ハルカ、勝田、そして吉田が会議室に入った。吉田は相変わらず表情が読めず、誰とも目を合わせようとしない。

「吉田さん、先日の話し合いで今後は働き方を改善するという約束をしてもらったと思うんだけれど、その後どうですか？」

「……」

　何も言葉を発しない吉田。ハルカは返事を待たずに、言葉を続けた。

「改善が望めない以上、取引先にも社員にも迷惑になるのでEATingで吉田さんを雇用しておくことは難しいです。言っている意味はわかりますか？」

　吉田は下を向いて、ハルカの言葉にピクリとも反応しなかった。そんなハルカと吉田のやりとりを、勝田も多賀も心配そうに見守っている。

「吉田さん、退職届を出してもらえますか？」

　ハルカのこの言葉にも、吉田は反応しない。

「吉田さん、この勧奨を受け入れてもらわないと……」

　言葉を遮って、突然吉田が顔を上げた。

「ありえない！　一方的に会社を辞めろだなんて不当だ！」

　突然声を荒げた吉田を、ハルカは唖然として見つめた。

「……いいえ、一方的ではありませんよ。これまで何度も態度を改善するように伝えてきましたよね」

　ハルカは努めて冷静に吉田に言葉を返した。しかし、吉田が首を縦にふることはなかった。

「たまの欠勤くらいで会社を辞めろだなんてひどすぎる！　それにパワハラだなんて、不当解雇だ！」

　そんな発言を興奮しながら繰り返す吉田を、ハルカも勝田も呆然と見守った。混乱し気持ちが高ぶっている吉田には、どんな言葉を投げかけても無駄なように思えた。なんとかしなければという思いを抱きながらも、その場では吉田を落ち着かせ、話を切り上げることしかできなかった。

## ◆解雇か？　自主退職か？

　勝田が、少しだけ落ち着きを取り戻した吉田を促して会議室から出ていく。ハルカは、「今日は仕事にならないだろうから、早退しても大丈夫ですよ」と吉田の背中に語りかけた。

　ハルカはこめかみを押さえながら、真部に電話をかける。吉田の興奮した態度に押されて、ほとほと疲れ切っていた。

「川名社長、元気？」

　真部の声はそんなハルカの心を知ってか知らずか、いつも通り陽気そのものだ。

「先生、先日ご相談した、社員の吉田の件です。彼は、退職勧奨を受け入れませんでした」

　ハルカは淡々と真部に伝えた。真部はハルカの思いを察したのか、真剣な声になり、こう言った。

「そうでしたか。では、ステップ３にいくしかないですね」

　真部の言う「ステップ３」とは多少の金銭を渡し、**自主退職**を促すというものだ。先日、真部や花村と検討した結果、この段階においても、解雇すると裁判で争われて会社が負けてしまうリスクもあるという判断となった。

　お金を支払うという対応について不満を見せたのは勝田だ。

「なぜ職務をできていないのに、金銭を払うのですか」

「はい。そのお気持ちは理解しています。しかし吉田さんの性格上、解雇すれば徹底抗戦してくることが予想されます。**解雇無効**の裁判でも起こされれば、会社が手間と費用で多大な負荷を負うことになります。さらにSNSなどであることないこと発信されると会社のイメージ悪化もまぬがれませんし、他の社員へも悪影響を与えるでしょう。であれば、今回は早期解決の

ための穏便に済ませられる方法をとったほうがいい」

　真部のこの一言に、勝田も息を吐き、小さく頷いた。まっとうに働いてこなかった者にお金を支払わなければいけないことに、納得できない勝田の気持ちもわかる。しかし、会社のことを考えれば真部の提案はもっともだった。

　再び出社したタイミングで吉田を捕まえて会議室に呼び、ハルカは退職に応じた際に支払う金額を明示した。
「自主退職であれば、この金額を払う用意があります。転職活動の間、困らない分くらいはあると思いますがいかがですか」
　ハルカが示した金額を見て、吉田は目を丸くした。そして、あっさりと「わかりました」と言った。あくまで噂だが、吉田は前職から毎日のように夜遊びしていたようで、かなり金に困っているようだった。なんとか合意を取り付けることができ、ハルカも勝田も多賀もほっと胸をなでおろした。

　とはいえ、一緒に働いてきた社員に対して退職に向けたコミュニケーションを取ることはハルカを疲弊させた。もう二度と、このような事態を経験したくはない。

　真部からは、今回の件を受けて助言がなされた。
「正社員を解雇するのは非常に難しいものです。面接をしっかり行い試用期間に十分に見極められる仕組みを作るか、まずは契約社員やアルバイトで雇用し働きぶりを確認してから正社員に移行する制度の構築を検討してはどうでしょう。将来、万一業績が悪化した場合も、人員整理をすることはとても難しいので、この機会に採用についてしっかり方針を決めましょう」

ハルカはこれまで売上を伸ばすことやサービスの向上を図ることに躍起になる一方で、社内の体制を十分に整えてこなかったことを反省した。金融危機や感染症の拡大など、急な環境変化による対応を迫られた時のことや、財政難によるリストラなどの想定もしておかなければならない。

　今後、派遣や業務委託（アウトソーシング）も活用しながら、フレックスタイム制の導入やテレワークに関する労務管理にも工夫が必要になりそうだ。また、ハラスメントの防止や対応策の検討も課題である。

　これを機に、人事労務関連の制度を整備し、人事部を充実させることを決め、ハルカたちは引き続き話し合いを重ねることにした。

## 解説
### 労働法上の解雇規制

　期間の定めのある労働契約については、会社は「やむを得ない事由」がない限りこれを期間の途中で一方的に解約することはできません。これに対し期間の定めのない労働契約については、労働基準法により、会社は30日以上前に解雇予告を行うか、もしくは30日分以上の平均賃金（予告手当）を支払えば、労働者を解雇することができます。

　この解雇予告義務に反してなされた解雇の効力について、裁判例は会社が即時解雇を固執する趣旨でない限り、解雇通知後30日の経過か解雇通知後における予告手当の支払いにより、そのいずれかのときから解雇の効力が発生するものとしています。懲戒解雇の場合は、通常、解雇予告や予告手当の支払いを行わずに即時になされます。

　また、労働基準法は、労働者の国籍、信条、社会的身分を理由とする解雇、産前産後の休業中の解雇、業務上災害による療養中の解雇などを禁止しています。

　解雇に関連する法律問題の中で最も重要なのは、解雇権の濫用法理です。解雇権の濫用法理は、これまでの長い裁判例の歴史の中で形成されてきたものですが、労働契約法はこれを条文化し、「客観的に合理的な理由を欠き、社会通念上相当であると認められない場合」には、解雇は権利濫用として無効となる旨が定められています。就業規則の解雇事由に当たるからと

いって直ちに解雇が認められるわけではありません。この「客観的に合理的な理由」は、以下の通り類型化できます。

（a）労働能力の喪失、適格性・協調性の欠如
（b）労働者の規律違反行為
（c）経営上の必要性
（d）ユニオン・ショップ協定に基づく組合の解雇要求

　本件の吉田の無断欠勤やスマートフォンの私用は、（a）や（b）に当たります。しかし、裁判例はそれらのように労働者に責任があるような場合でも、容易には解雇を有効と認めない傾向にあります。つまり個別具体的事情のもとで解雇が酷であるかどうか（社会通念上の相当性）を総合的に判断するためです。そのため、会社としては、明らかな解雇事由がない限り、まず労働者に退職してほしいという意向を伝え、退職届を提出してもらうこと（退職勧奨）を検討すべきです。退職勧奨は、労働者の自由な意思決定を妨げるようなかたちで行われると、実質的な解雇として違法となります。労働者に不当な心理的圧迫や過度な不利益を与えることがないよう、勧奨の方法や態様に注意が必要です。

　本件のように、容易に退職に応じない者に対しては、紛争になることを避けるため、多少の金銭の支払や再就職先の紹介等の便宜を図ることもありえます。本件の吉田のように問題行動がある場合、時間はかかりますが何度か戒告、減給、降格などの懲戒を経た上で、それでも改善しない場合には解雇するという方法もあります。

　解雇無効の判決が出ると、労働者は職場に復帰することや、解雇されてから無効判決を得るまでの間の賃金と損害賠償（慰謝料）を請求できることになります。これは会社にとって人事的にも、金銭的にも大きな負担となるので、解雇に踏み切るかどうかは弁護士にも相談して慎重に判断する必要があります。特に中小企業にとっては負担が大きく、社員や資金調達先への悪影響も懸念されます。労働者は、迅速かつ柔軟な解決が可能になる労働審判手続を申し立てることもできます。

　このようにいったん採用してしまうと解雇が難しいことから、近年は派遣や業務委託（アウトソース）の形態がとられることが多いという面があります。その場合は、契約書の記載よりも実際の業務内容によって判断されることになり、実態が派遣や雇用であるのに形だけ請負として社員を働かせる、いわゆる偽装請負として問題になるリスクがあります。

　また、期間を例えば1年に限定する有期雇用にする場合も、雇止めには注意すべきです。反復して更新したり、労働者が更新を期待したりする合理的な理由があるときは、雇止めにも解雇と同じハードルが課されます。

## 2　ハラスメントの防止

　労働施策総合推進法（パワハラ防止法）により、企業におけるパワハラ対策が事業主の義務になりました。これまで曖昧だったパワハラの定義が明確化され、（a）優越的な関係を背景とした言動であって、（b）業務上必要かつ相当な範囲を超えたものにより、（c）労働者の就業環境が害されるもの、これら

3つのすべての条件がそろった場合、パワハラとみなされます。相応の範囲で行われる業務上必要な指示や指導はパワハラに該当しないとされ、個々の判断はさまざまな要素の総合考慮によって行われます。

　また、男女雇用機会均等法の改正により、セクハラ防止対策が強化されました。職場におけるセクハラとは、（a）労働者の意に反する性的な言動が行われ、それを拒否したことで解雇、降格、減給などの不利益を受けること（対価型セクシュアルハラスメント）、（b）性的な言動が行われることで職場の環境が不快なものとなったため、労働者の能力の発揮に大きな悪影響が生じること（環境型セクシュアルハラスメント）をいいます。男性も女性も、行為者にも被害者にもなり得るほか、異性に対するものだけではなく、同性に対するものも該当します。

　EATingのような中小企業にも、2022年4月から相談体制の整備が求められ、方針等の明確化と周知、セクハラ・パワハラに係る事後の迅速かつ適切な対応のほか、相談者や行為者のプライバシーの保護の徹底、相談者に対し解雇といった不利益な扱いをしないことなどが必要になります。

## 3　整理解雇の有効性

　景気が悪化した際によく問題になるのは、経営上の必要性による人員整理としての解雇（いわゆる整理解雇）です。整理解雇は労働者に責任のない解雇であることから、裁判例は、より厳格に解雇権濫用法理の判断を行い、以下の4つの事項を整理解雇の有効性判断の要素としてきました。

（a）人員削減の必要性（経営不振等による人員削減措置を取らざるを得ないような高度の経営上の必要性が存在するか）

（b）解雇回避努力（配転、出向、一時的な休職、希望退職者の募集等、できる限り解雇によらない他の手段での解決を図る努力を尽くしたか）

（c）被解雇者選定の合理性（被解雇者を選定する基準が客観的・合理的であるか、当該基準を公平に適用しているか）

（d）手続の妥当性（組合や労働者代表者との間で整理解雇について十分に説明し、誠実に協議してきたか）

　したがって、会社は、経営上の人員削減の必要性が非常に高いとしても、それだけでただちに整理解雇を適法に行えるわけではなく、解雇以外の手段はないか、解雇対象者の選別は適切なものかを誠実に検討し、労働者とも十分に協議をするようにしなければなりません。そのため、通常は整理解雇に先立ち、希望退職を募ったり、退職勧奨を行ったりして労働者が自主的に退職するよう促します。ただし、執拗または脅迫的な退職勧奨を行うと、違法になるので注意が必要です。

## 4　兼業、副業、テレワーク

　働き方改革の流れの中で、多様で柔軟な働き方の実現が目指され、兼業・副業を認める企業も増えていますが、まだ多くの企業は就業規則で禁止しています。しかし、企業が兼業・副業を禁止できるのは、次のような例外的な場合に限られます。

（a）本業に明らかな支障のある場合

（b）本業と競合関係になる場合

（c）本業の信用を失墜させる可能性がある場合


　また、テレワークが広がるにつれ、労働時間の把握、人事評価、安全衛生管理、労働災害などにおいて事業所での勤務との違いが問題になり、就業規則の見直しが必要になっています。労働時間の把握が難しい勤務形態の場合は、裁量労働制や事業場外労働のみなし労働時間制の採用も検討すべきです。EATingのようなIT系の会社では、オフィススペースの必要性についての見直しも進むことになるでしょう。

　また、労働基準法において以下のように柔軟な働き方を認める制度が認められています。

① 　変形労働時間制

　交替制勤務の場合や、季節等によって業務に繁閑の差がある場合、一定期間を平均して、法定労働時間の範囲内であれば、1日8時間、週40時間を超えて労働させることができる制度。

② 　フレックスタイム制

　協定した労働時間の範囲内で、始業・終業時刻を労働者にゆだねる場合、一定期間の総労働時間を労使協定で定めれば、始業・終業時刻を労働者の自由にできる制度。

③ 　みなし労働時間制

　労働時間と成果・業績が必ずしも連動しない職種において適用され、あらかじめ労使間で定めた時間分を労働時間とみなして賃金を払う制度（事業場外みなし労働時間制や、専門業務型と企画業務型の裁量労働制がある）。

④　高度プロフェッショナル制度

　高度な専門知識や技能を必要とする特定の業務を対象に、労働基準法の定める労働時間や休憩、割増賃金、残業代に関する規定の適用を除外する制度。

### チェックリスト

- ☑ 就業規制に懲戒事由が適切に規定されているか
- ☑ 社員の採用プロセスに不備はないか
- ☑ 問題社員への懲戒や解雇などの対処方法は労働契約法に従っているか
- ☑ 社員の働き方について労働基準法に従った制度が十分整備されているか
- ☑ ハラスメントの防止体制はできているか
- ☑ 経営環境の変化に対応できる雇用体系になっているか

**今回の重要法令**

労働基準法19-21条　32条の2-4　38条の2-4　41条の2
労働契約法15条　16条　労働審判法　パワハラ防止法

**ADVICE** 経営者へのアドバイス

● 問題社員であっても、会社が一方的に解雇することは容易
　ではありません。リストラで整理解雇するための要件も厳
　格なので、それを意識した採用や人事を行うべきです。

● 人を減らすためには、まず希望退職や退職勧奨を行うのが
　一般的です。解雇は最後の手段と考えましょう。

● 正社員を解雇するのは難しいため、派遣や業務委託にする
　ことも検討しましょう。

● 特にベンチャー企業などは長時間労働や過重労働になりが
　ちです。適切な制度設計を行い、コンプライアンスの観点
　から適切な労務管理を行うべきです。

● パワハラ・セクハラ等のハラスメント防止は、社長がリー
　ドして社員の啓発や研修を行いましょう。

# チャットボット技術を得るべく、企業買収を実施

本章は、小規模M&Aにおける、デューディリジェンスと契約交渉の重要性について解説していきます。

# CHAPTER

## 5 チャットボット技術を得るべく、企業買収を実施

### ◆予約システムにチャット機能を

ハルカは、財務部門の責任者の勝田によってまとめられた資料を見ながら、ため息をついた。

EATingの売上は、アプリ利用者のビッグデータを活用した関連ビジネスも加わり順調に推移してきたものの、ここにきて利用者が横ばいとなっていた。決して不調というわけではないが、右肩上がりを続けてきたハルカたちにとっては停滞感を覚える状況だ。このままではベンチャーキャピタルに説明した事業計画は達成できそうになく、ハルカは頭が痛かった。

ハルカはアプリ利用者のヒアリングやアンケート結果を入念にチェックした。利用者数が横ばいになったのは、競合の登場などの問題もたしかにあるが、そもそも自社のサービス自体を見直す必要があると感じていた。まだまだサービス充実の余地がありそうだ。

ヒアリングとアンケート結果からは、利用者のリアルな声を把握することができた。

＜食物アレルギーに対応してもらえるか、いちいち電話で確認しなければいけなかった。だったらアプリで予約しなくても、1回電話すれば事足りたなと思いました＞

＜車椅子の友人がいて、バリアフリーに対応しているか確認するために結局お店に直接連絡を取りました＞

＜アプリで予約が取れ、スケジュールに反映されるのは便利で

す。でも、『個室じゃなくてもいいが、静かな席にしてほしい』などのオーダーはお店に電話しなければいけなかったのでちょっと面倒でした＞

　利用者の声には改善のヒントが多くあった。オンラインで予約をしながらも、結局のところ細かな調整はお店に電話しなければいけない。契約店舗からも、「確かに予約の電話を取らなくても良くなったのは楽だが、完全に電話での問い合わせが無くなったわけではない」という声があがってきていた。

「もしかしたら、ここに鍵があるかもしれない」

　ハルカは、取締役会で利用者の声から改善点を探ることにした。役員として集まったのは、勝田と新たにシステム責任者（CTO）となった佐々井だ。

　佐々井は先月までゲームアプリの制作会社で働いていた。30代後半の佐々井は、長年の趣味であるゲームの仕事への充実感の一方で、過酷な労働環境に課題意識を抱えていた。

　一方のハルカと勝田は、技術責任者だった津川の穴を埋められる人材探しに奔走していた。どこの企業においてもCTOを担える人材は不足しており、頭を抱えていた。

　そんな時、ハルカは宮田から声をかけられた。津川の件で苦しい思いをさせてしまった宮田だが、EATingを大切にする思いにブレはないようだ。宮田は宮田なりに、新たなCTOの必要性を感じてくれていたのである。そこで紹介されたのが佐々井だった。

　宮田と佐々井はエンジニアが集うオンラインサロンで出会った。サロン内で情報を積極的に発信している佐々井について一

方的に知っていた宮田は、高い意識や確かな技術を持った若手技術者育成の必要性を訴える佐々井のメッセージに感動していた。そして、パーティで佐々井と会う機会を得た時に、思い切って話しかけてみたのだという。

　佐々井は現在は「ゲーム作り」という自分の好きな仕事ができているが、業務環境の問題と新たな分野にチャレンジしたいという点から気持ちが揺れていると宮田に語った。

「僕、EATingという会社でエンジニアをしているんです」

　宮田が言うと、佐々井は「あ！」と反応した。

「私さ、食べることが大好きだからEATingはよく使うんだよね。すごく使いやすいUI（ユーザーインターフェース）だよ。よく考えられている」

　佐々井はそういって大きくうなずいた。

「あの……、それならば！　EATingに来たらいかがですか？」

　宮田は思わず言ったのだった。

　ハルカと勝田は宮田の会社を思う心に感動した。しかし佐々井がどんな人物かわからない以上、やや不安はあった。立派に見える人間でも、その内面性までは推しはかれるものではない。CTOとなれば、EATingの技術の全てを牽引してもらう存在だ。津川の造反を経験したハルカと勝田はこれまで以上に慎重になっていた。

　しかし、佐々井と会って数分でその心配は消え去った。柔らかい物腰で相手の話を聞き入れる一方で、技術面では妥協を許さず、最先端の知識を幅広く取り入れていることが伝わった。佐々井が帰った後、ハルカと勝田は目を合わせて頷いた。佐々井はEATingにかけがえのない人材となる、そう確信した。

　その日から何度か条件面のやりとりを重ねた上で、佐々井は
EATingのCTOとなり、発行済株式の20％をハルカから譲り受
けて、経営の一画を担うことになった。そして今、佐々井は
EATingのこの重要な局面に同席するに至っている。


「資料にある通り、アプリで予約しても細かなことは電話で問
い合わせなければいけない問題が残っているんだよね。どうせ
電話するなら、アプリを使わなくてもいいかという思考になる
みたい。勝田は何か打開策はある？」

「ん〜。各店舗の紹介ページに事細かに情報を記載するという
のも手だけれど……、手間がかかる割にチェックしない人も多
くてあまり意味がなさそうだよね」

　3人の沈黙が続いた。少しして、佐々井が口を開いた。

「UIにチャット機能をつけたらどうでしょう。質問の内容を
洗い出せば、パターン化できますよ。『アレルギー対応』『バリ
アフリー』『席の要望』など。どうしてもハマらないものに関
しては、お店に直接問い合わせなければいけないけれど、おそ
らく8割はチャット機能で対応することができるはずです」

「……チャット機能！　なるほど。いいねー！」

　勝田はすぐに言葉を返した。

「たしかに、いい！」

　ハルカも続く。お店の手間が少なくなり、お客様が電話をし
なければいけないという負担感もなくなるだろう。

「例えばさ、機械的なチャットではなく可愛いキャラクターが
返事をしてくれるようにできます？　チャットシステムはいか
にも機械的にさばかれているように感じることがあって、少し

抵抗感を覚えると聞いたこともあるから」

「もちろん可愛らしいキャラクターにすることはできます。というか、そういうデザインは私の得意とするところです！」

　長年ゲームの制作に携わり、キャラクターを作り上げてきた佐々井は自信をみなぎらせた。たしかに、佐々井の手にかかればみんなに愛されるキャラクターが生まれそうだ。

「この際EATingのメインキャラクターを作って、それとチャットできるようなオリジナリティを出せたらいいな！」

　勝田も乗り気だ。可愛いキャラクターと話をできたら、問い合わせの負担感はより減らせるだろう。

「よし。では、早速チャット機能を整備する方向で動こう。佐々井さん、これは内製化と外注化のどちらがいいと思う？」

　ハルカは佐々井を見て尋ねた。佐々井は「うーん」と唸って、腕組みをした。

「正直、内製化は現実的ではないね。これまでのEATingとは全く違う機能なので今のメンバーで機能を作っていくことは時間とコストがかかるでしょう。あとは外注化ですが……、今あらゆるサービスでチャット機能が注目されていて。なかなかEATingの機能拡充を優先的に行ってもらえるところは少ないかも……」

　言いにくそうに語る佐々井に、勝田は食らいついた。

「いや、ちょっとそれじゃあ困りますよ。ガブリンや他の競合も台頭している中、一刻も早く開発を進めたい」

「そうですよねぇ……」

　チャット機能拡充の方向性は見いだせたものの、具体的な制作方法までは詰められず、会議は時間切れとなった。

#### ◆ゴルフ交流はビジネスチャンス？

　日曜日、ハルカはゴルフ場にいた。見事な秋晴れ。新卒で入った会社で、先輩に誘われたのがきっかけで始めたゴルフ。今も年に数回程度だがラウンドには出続けていた。

　今回のゴルフコンペは起業家の友人に誘われた。ハルカを誘った友人の伊達は、お祭り騒ぎが大好きな男だった。年代は違うはずなのに、そこはかとなくバブル感を纏っている。暑苦しいところはあるが、情に厚く面倒見がよいため、ハルカは嫌いではなかった。

「ハルカちゃん、今日はありがとう〜！　楽しんでね」

「伊達さん。今日は楽しませてもらいます！」

　ハルカはにこやかに応えた。


　ハルカと同じグループにAI開発を行う「Future」の片倉がいた。ハルカは以前片倉が講師として登壇していたセミナーに参加したことがあった。その時、片倉は自身の事業について語っていて、登壇後の交流会でハルカは挨拶にいったのだ。

「片倉さん、以前お会いした時は会社を始めたばかりで、とにかく勢いばかりでご挨拶させていただきました。もう結構前のことなので覚えてらっしゃらないかもしれませんが……」

「あれ！　あの時の。いやいや、覚えているよ。勢いあるなぁと思ったんだ。EATingの社長ですよね？」

　ハルカは片倉が自分のことを覚えてくれていたことに舞い上がった。片倉のセミナーでの話は素晴らしかった。人間味を大事にしながら、最先端の技術を持ったサービス開発の話は、AIの可能性を感じさせた。

「えぇ！　嬉しいです。覚えていてくださったんですか……」

「実はEATingには注目していたんだ。おもしろいサービスを展開していますよね。店舗からもお客様からも信頼されているんじゃないですか？」

「そうですね。ありがたいことに多くのお店やお客様にご利用いただいています。ただ今、苦戦をしていて……。そうだ、片倉さんに相談をさせていただけないですか？　今、チャット機能をつけられないかと構想しているんです」

　ハルカと片倉はゴルフの合間に、そんな話をしていた。他の2人に「おい！　仕事の話してるな〜」と揶揄されながらも話は尽きなかった。片倉と話をしているとチャット機能の突破口が見えそうだ。ハルカは片倉の返答に必死に耳を傾けた。

「川名さん、ゴルフ終わった後ちょっとだけ時間ある？」

　その申し出はハルカにとって願ったり叶ったりだった。

「もちろんです！」


　ゴルフが終わったハルカは気持ち良い疲れに包まれながら片付けを済ませた。片倉はゴルフ場のロビーでハルカを待っていた。軽やかに手を挙げた片倉に、ハルカは会釈で応えた。


◆買収の提案

　片倉の車で東京方面に戻りつつ、どこかで夕飯を食べながら話をすることになった。車の中で、ガブリンなどの競合に推されていることや、お客様から結局電話で聞き直さなければいけないことへの不満が複数届いていることを説明する。片倉はハルカの説明を、「なるほどね」「それで？」と事細かに聞いた。

　ハルカの家の近くのイタリアンに着いて席に座ると、片倉は
すぐに口を開いた。

「川名さん、実は前から考えていたことなんだけれど──うち
の会社を買わない？」

「……は？」

　片倉が何を言っているのかハルカは理解できなかった。ハル
カが相談をしたのは、片倉がAIに明るいからだ。EATingに興
味を持ってもらえたら良い取引ができる可能性があるかもとは
思っていたが、買収などつゆほども考えてはいなかった。

「買収って、Futureをですか……？　片倉さん、一体どうい
うことなんですか？」

　ハルカは思わず矢継ぎ早に聞き返した。

「実は、近々Futureを売ろうと考えていたんですよ。会社と
して、業績は悪くないですよ。手前味噌だけれど、社員も技術
が確かで、いい奴ばかりだ。でも、僕自身の気持ちの問題なん
だけれど、研究機関でもっと新たな開発をしたくなっちゃった
んですよね。もう僕は経営をしなくてもいいかなと思って」

　ハルカは唖然とした。Futureは現在技術者30人規模の会社
へと成長している。AI開発部門においては、最先端を走り、大
手企業からも注目されている。

「え……いや、ここまで育てたFutureを売るなんて、もった
いないのではないですか？」

「うーん。でも、もっと研究費をかけてAIにのめりこめる機会
があるならば、それに乗らない方がもったいなくない？　実は
声をかけてもらっている海外の研究機関があって、僕はそこに
行きたいんだよね」

「……社員の方の中で継ぐ方はいないんですか？」

「うちの会社は技術畑の者ばっかりだからね。経営はみんなやりたがらないし、わからない人が多いんです。新たなメンバーを入れて会社を託す方法もあるけれど、なかなか信頼できたり能力があったりする人はいないものですからね」

「なるほど。それで売ることを考えたんですね……」

　ハルカは頷いた。片倉の言うことに納得はしたが、自分にそんなことができるのか実感がわかない。Futureは、EATingと同等かそれ以上の企業規模だ。この話を信じていいものかわからず、片倉の顔を見る。食後のコーヒーを飲む片倉の顔は涼やかで、感情を読み取ることはできなかった。

「ちなみに、今考えていらっしゃる条件はどんなものですか？」

「社員は全員残す。買収金額は10億円くらいかな」

　10億円……。もちろん安い買い物ではない。しかし、もしもFutureが手に入ったら、EATingは大きく躍進するだろう。

「片倉さん、この話一旦持ち帰らせていただいてもよろしいですか。社内で相談させてください」

　片倉はコーヒーカップをソーサーに置いて、ハルカを見た。

「もちろん。またご連絡ください」

　そう言って、ゆったりと笑った。ハルカは浮き立つ心とともにじんわりと広がる不安の色を感じ取っていた。

### ◆買収の手続き

　翌日、会社で勝田と佐々井に「ちょっと時間ありますか？」と声をかけた。顧問弁護士の真部にも同席してもらう。ハルカは片倉と別れた後、すぐに真部へ連絡しておいたのだ。

　4人で話し合ったのは、もちろん片倉の申し出についてだ。ハルカは、Futureの資料をできうる限りかき集めて、3人に提示した。3人ともFutureについては、AIの最先端の開発をしている企業だと理解はしている。しかし、その実態や経営の内実についてまでは知らなかった。

「どう思う？」

　率直にハルカは尋ねた。

「いい話だとは思うよ。いや、いい話すぎるくらいだな」

　そういう勝田に、佐々井も横で頷く。同意見のようだ。

「そうですよね、片倉さんの買収の申し出の理由は本当にそれだけなんですかね。なんだか不思議になるくらいです」

　ハルカは心に広がった不安の正体を2人に代弁されたように感じた。まさに片倉の申し出は、「いい話すぎる」のだ。

「そこなんだよね……。片倉さんはとてもいい人だし、Futureの開発力はホンモノだよ。でも、なんだか食えないところがある人物でもあるような印象なの」

　勝田も佐々井も「うーん」と唸った。みんなの目が真部に向くのを待って、真部は口を開いた。

「川名社長、上手い話をする男をすぐに信用してはダメだよ！」

　真部の一言に、全員があきれた目で真部を見た。

「真部先生！　真剣に相談しているんですよ」

「いや、僕だって真剣だよ」とぶつぶつ言いながら、真部は見解を語り始めた。

「うん。みなさんがいう通り、これはかなり『いい話』だと思います。信じて大丈夫かどうかは非常に微妙なところですね。だから、きちんと会社のデューディリジェンス（Due

Diligence）をして契約条件を詰めましょう」

　真部はカバンから資料を広げてハルカに渡すと、調査内容を
とうとうと語り始めた。

「Futureに対し財務と法務両面でデューディリジェンスをし
ます。つまり、企業価値やリスクなどを徹底的に調査する。そ
の上で買収するか否かと、いくらで、どのような条件を付けて
買収するかを決定する必要があります。その結果によっては、
見送りましょう」

　きっぱりと言い切った真部の言葉に、全員が息を飲んだ。そ
して、深く頷いた。

「真部先生、ありがとうございます。きちんと調べられるなら
ば是非その方向でお願いしたいです」

「了解！　じゃあ、今度の飲み会で報告するからねっ」

「……いえ、２週間後に同じメンバーで会議をしますので、是
非そこで報告をお願いします」

　ハルカの間髪入れぬ切り返しに、勝田も佐々井も唖然とした。真部はいつも通り気にする様子もなく、「は〜い。そうしましょう」と手を振りながら笑って会議室から出ていった。

◆Futureのデューディリジェンス結果

　2週間後、再び会議が開かれた。片倉には、デューディリジェンスをさせてもらい、その結果が出るまでは返事を待ってほしいと丁寧に伝えていた。片倉は不信感を抱くこともなく、「はいはい、もちろん」と返事をしてくれた。

　真部はデューディリジェンスの結果の資料をハルカ、勝田、佐々井に手渡した。この2週間の間、ハルカは真部から「決して早急に決断しないように。色々と問題がありそうです」という念押しの電話だけをもらっていた。真部は3人に資料が行き渡るのを見てから、口を開いた。

「結果から言うと、Futureの事業計画は楽観的過ぎるものであり、公認会計士と一緒に検討した結果、実際の企業価値は5億円程度。しかも、販売先から回収不能の多額の不良債権と従業員の残業代未払いの問題を抱えていることがわかりました」

「な、なんだって！」

　勝田は声をあげた。

「そんな会社は信用できないです。この話はなかったことにしましょう」

　佐々井も続けた。2人とも珍しく感情的になっている。ハルカもこの調査結果にはショックを受けた。片倉のことは少なからず尊敬していたからだ。最前線でAI開発を進めるFutureを買収する話を提案された時に、浮かれなかったといえば嘘にな

る。片倉はハルカの経営力を信頼して、大切な自社を託してくれているのだと信じたかった。しかし違った。問題をハルカに押し付けようと考えていた可能性すらある。ハルカが何も言えずにいると、真部は言葉を続けた。

「いや、逆にその問題さえクリアすれば問題はないんですよ」

　予想外の真部の返答に、ハルカも勝田も佐々井も戸惑った。

「あの、真部先生……買収は見送らないということですか？」

　ハルカは真部の顔を覗き込んだ。

「だって社長はFutureのことを買収する価値があると思ったんでしょう？　だったら実現できる方法を考えてみた方がいいんじゃない？」

　真部は終始柔らかい表情を浮かべている。

「はい。たしかにそうです。Futureは素晴らしい技術を持った会社です。社員一人ひとりのレベルも高い。買収が成功すれば、EATingに必要なチャット機能をアプリに備えることができる。だからこそ、買収を考えたんです」

「では買収できるよう折り合いがつくラインを探っていきましょう。企業価値は、EATingのビジネスとどれだけシナジーがあるかを考えて評価すべきですよ」

　ハルカも勝田も佐々井もキョトンとした。折り合いがつくラインとは、シナジーとは……？

「ある意味で、それが私の役割ですよ。ふふふふふ」

　真部は意味深な笑みを漏らしたのだった。


◆Futureとの交渉

　それから数日、真部とハルカはFutureと折り合えるライン

を探った。そうしてハルカは、片倉と交渉の場を設けることにした。真部とFutureの顧問弁護士も同席してもらうつもりだ。片倉はいつもの通り飄々と「ご検討いただきありがとうございます。御社に伺いますね」と電話を切った。

　交渉日当日、ハルカは片倉に対して、にこやかに挨拶した。交渉が始まってからは毅然とした態度を取らねばならない。会議室で静かに対面し、ハルカは口を開いた。

「片倉さん、今日はご足労いただきありがとうございました。私達としては、Futureを買わせていただきたいと考えています。ただし、少し調整させていただく必要が出てきました」

　ハルカの言葉をついで、真部は書類を広げた。

「御社を調べさせていただきました。その結果、今後３年間の事業見通しについて、大きく下方修正しました。また、販売先から回収不能の多額の不良債権と従業員の残業代未払いの問題があることがわかりました。不満を持った中核の開発技術者が退職する恐れもあります」

　真部の言葉に、片倉は少し眉を動かした。しかし、その表情に大きな変化はない。

「つきましては、片倉さんに提示いただいた条件の対案を提示させていただきます。譲渡価格は、上記問題を考慮に入れて、４億円とさせてください」

　片倉は腕を組み、下を向いた。弁護士はメモを取り、戦略を練っているようだ。

「加えて、片倉さんには１年間顧問として会社に残ってもらい業務の引き継ぎをしていただきます。また、技術開発のキー

パーソンが辞めないことを確約してもらい、クロージング後に
発生した問題は、売主がその損害を補償する契約とさせていた
だきます。主に以上の条件で契約書を作成したく考えています」

　真部の言葉に、片倉は一度も反応しなかった。Futureの顧
問弁護士が「一度協議させていただきます」とだけ口を開き、
早々に２人は会議室をあとにした。


　ハルカは真部の顔を見た。「不安ですか？」と真部から尋ね
られ、ハルカは首を振った。一度は諦めようかと思った買収
話。それが真部の案で、交渉の俎上に上がってきた。ならば、
真部を信じて進むだけだ。
「いえ。引き続きよろしくお願いいたします」
　ハルカは深々と頭を下げた。


## ◆買収成立

　その後は、真部とFutureの弁護士との間で何度かやりとり
がなされた。ハルカは随時報告を受けていたが、一度も真部の
説明に不安を覚えることはなかった。ハルカは、並行してベン
チャーキャピタルへの報告と、金融機関から買収資金を借入れ
る相談を進めた。

　そして、ついに真部から「譲渡価格を５億円にすることで交
渉がほぼまとまりました。トップ会談の席を設けるので、最後
の決断は川名社長がしてください」という電話がきた。

　ハルカは、譲渡価格の５億円について最終決定をし、取締役
会の承認も得た上で契約書の調印式に挑んだ。

　調印式後、真部と２人になり、ハルカの声は弾んだ。

「真部先生！　いろいろと本当にありがとうございました」

「いえいえ。とはいえ、これからは社長たちが忙しくなりますよ。役員同士の顔合わせをしたり、社内にも周知したりしないといけません」

「そうですね。勝田と佐々井にはすぐ報告します。これからどのように進めていくかもじっくり話し合いますね」

　EATingにとって買収は初めての経験だ。社内の体制を整えて、Futureのメンバーがパフォーマンスを最大限に発揮できるよう地ならしをしていかなければいけない。

「よかったですね」

　ハルカの弾む声を聞いて、真部が優しく言った。

　もし真部がおらずデューディリジェンスをしなければ、大きな問題を抱えたまま高値でFutureを買収してしまったことだろう。EATingとて、決して経営に余裕があるわけではない。チャット機能の拡張どころか、買収して共倒れになった可能性すらある。

「よかったです。先生、本当にありがとうございました！」

「川名さん、私との飲み会の約束も忘れないで——」

「あ！　すみません、２人が来ました！」

　真部の返事を聞き終わる前にハルカは電話を切った。真部先生は本当におもしろい。

「勝田さん、佐々井さん！　良い報告があります」

　ハルカは２人に声をかけた。これからの経営のことを考えると、胸の高鳴りを感じずにはいられなかった。

## 解説

### 企業のM&A

---

### 1　M&Aとは

　ベンチャー企業や小さい企業が成長するためには、自社だけの資源にとらわれるのではなく、他社の資源を有効に活用し、企業価値を高めていくことが大切です。これをシナジー（相乗効果）といいます。自社で一からビジネスを開始するより、早く確実であり、時間を買うための手段にもなります。

　狭義のM&Aは、株式の取得と組織再編に整理できます。株式の取得の手段としては、株式譲渡（上場会社では、一定割合以上取得する場合は株式公開買付け（TOB）によることが要求されます）と、第三者割当増資によるものがあります。また、組織再編の手段のうちM&Aに関わるものとしては、合併、事業譲渡、会社分割、株式交換・株式移転があります。

　M&Aのプロセスの概要は以下の図表5のとおりです。

図表5　株式譲渡の場合の図

買収対象企業の選定 → 買収対象企業との接触 → 秘密保持契約の締結 → 買収スキームの策定 → 基本合意書の交渉・締結 → デューディリジェンス → 最終契約の交渉・締結 → クロージング（実行）→ ポストマージャー

　M&Aのプロセスは、相手を見つけるまでは時間をかけて進めますが、基本合意書を締結してからは３～６カ月程度で一気にまとめるのが一般的です。ハルカのように、社長同士の人的な関係からスタートすることもありますし、仲介会社の紹介や、最近ではネット上のマッチングサイトからスタートすることもあります。大規模なM&Aには、弁護士のほかに、M&Aアドバイザリー、会計士、税理士、弁理士等多くの専門家が関与することになるため、全体のマネジメントやスケジュールやコストの管理が重要になってきます。

　買い手は一度欲しいと思うと、想定より高い対価を提案されたり、対象会社に重要な問題が見つかったりしても、つい無理をしても買いたくなってしまうものです。逆に売り手としては、交渉の途中で買うのをやめられてしまうと社内が動揺したり、取引先等に信用不安が起きたりする恐れもあります。M&Aは、なるべく短期間に秘密裏に行い、うまくいかないと思った時には早く手を引く勇気も必要になります。

　また、売り手は会社を売ることに対して何かと不安なもので、途中で心変わりをすることもよくあります。買い手としては、買ってやるんだという傲慢な態度ではなく、対等な取引当事者という立場で慎重に交渉することが成功の秘訣です。

## 2　デューディリジェンスと契約交渉

　M＆Aは重要な経営戦略であり、買い手としては、そのM＆Aの対象会社、スキーム、対価等に問題がないかどうかを慎重に検討しなければなりません。そのためには、必要十分な

範囲で対象会社の資産や債務の調査（デューディリジェンス）を行い、弁護士のアドバイスを受けて契約書で手当てをしていく必要があります。

　売り手としては、なるべく高く買ってくれる買い手に売るべきで、重要案件の場合には、買い手を広く募集して条件を競わせるオークション（入札）を行うことも検討すべきです。

　デューディリジェンス（DD）は、対象会社について、企業価値に影響する問題や法令違反などがないかどうかを専門家の力を借りながら調査する手続きです。法律面に関する主な調査項目は以下の通りです。

・株主や役員等の組織に関する問題がないか

・不利な条件の取引がないか

・隠れた債務やコンプライアンス違反がないか

・労務問題が生じていないか

・知的財産権はきちんと確保されているか

・訴訟・紛争は発生していないか

　ベンチャー企業などを買う場合には、一定のリスクを想定した上で、それを超えるメリットがある買収なのか、買収対価は適正か、買収後にリスクが顕在化しても財務的に耐えられるかなどを慎重に検討すべきです。

　Futureのようなベンチャー企業は、売り上げを伸ばすために無理な販売を行い、代金が回収できない不良債権を抱えていることや社長が会社のお金を私的に使っていることなどはよくあります。労務管理もきちんとできていないことが多いので、未払い残業代が積み重なっていることも珍しくありません。中核の開発技術者が買収後に辞めてしまう恐れもあり、買収後の

製品開発に支障をきたさないか注意が必要です。

　M&Aの実行後に、ライバル企業から対象会社の製品が自社の特許権侵害だと主張されることもあります。その場合、その技術を使った製品の製造・販売の差止めや、これまで得た利益に関して多額の損害賠償を請求されることになります。

　買収されたことにより、対象会社に金銭支払い能力が増したため（ディープポケット）、類似技術を持っている会社が満を持して請求してくることもあり得ます。その場合、長期間かけて裁判で争うよりも、一定の実施料を払うことで和解する道を選ばざるを得ないこともあります。このようなケースを防ぐためにも、対象会社の重要な技術については他社の権利を侵害していないか可能な限り調査すべきです。

　契約交渉も、専門家に任せっぱなしにするのではなく、経営上の目的を達せられるような内容になっているかどうかを買い手の経営者が自ら確認し、実行後のポストマージャーのプロセスがスムーズに進むようにすべきです。本件のようにデューディリジェンスで買い手にとって大きな問題が見つかった場合は、可能な限り譲渡価格を減額するように交渉すべきです。

　また、問題が解消されることをクロージングの条件にする（前提条件）、クロージングまでに問題を解消させる義務を課す（誓約）、それ以外に隠れた問題がないことを保証させる（表明保証）などを規定します。

　デューディリジェンスは短期間に一定の制約のもとで行うので、いくら慎重にやっても実行後になって問題が見つかることはあり得ます。その時に、買い手が売り手に対し損害賠償請求（補償）や協力要請ができるようにすることも大切です。

その他、会計・税務、労務、消費者保護など多くの分野が関係することになるため、総合的な判断力が求められます。対象会社がベンチャーキャピタルから出資を受けている場合は、M&Aに関して様々な制約が生じることが多いため、契約交渉も複雑になります。

### 3 買収価格

対価（買収価格）の交渉は、M&Aの売り手にとっても買い手にとっても最大の関心事になります。売り手の取締役としては、なるべく高く買ってくれる買い手に売るべきです。自社にとって重要な子会社や事業を売る案件の場合には、買い手を広く募集して条件を競わせ、最も良い条件を出した買い手に売るオークション（入札）を行うことも検討すべきです。

逆に、買い手としては、高値掴みをしないように、慎重に対象会社を評価し、買収後に自社のビジネスと組み合わせることにより充分な利益を生む会社・事業なのかどうか（シナジー）を判断しないといけません。通常買い手は、買収資金を銀行から借り入れることになるので、その返済期間中、利息を支払ってもそれ以上の利益を生む会社なのかどうかを見極める必要があります。クロージング後に問題が見つかるおそれのある場合は、価格調整条項を入れたり、分割払いにしたりすることもあります。

主な企業価値の評価方法は次の図表6のとおりです。

図表6　企業価値の評価方法

| DCF法 | 対象会社が将来獲得すると想定されるフリーキャッシュフローを適切な割引率によって現在価値に還元評価する方法 |
|---|---|
| 配当還元法 | 過去の1株あたりの配当金を一定の割引率で現在価値に還元する方法 |
| 類似会社比準法 | 対象会社と事業内容の類似する上場企業の平均株価を基礎として算定する方法 |
| 時価純資産法 | 対象会社が所有している全財産の価値を評価時点の時価に引き直して算定する方法 |

　ベンチャー企業が対象の場合、事業の将来性を評価に入れるDCF法をメインに他の手法を加味することが多いと思います。

### 4　ポストマージャー

　M＆A実行後の統合・融合のプロセス（ポストマージャー）は、M＆Aの成功か失敗かを分ける重要なプロセスで、経営者としての事業戦略の立案力と実行力が試される場です。組織、取引先、従業員、知的財産、システムなどそれぞれの分野で統合・融合の方法、タイミングが問題になります。企業風土や文化の統合も必要になります。

　対象会社の従業員のモチベーションを維持し、達成感を醸成するためには、社長がリーダーシップをとって、具体的なマイルストーンを設けてなるべく迅速に進めることが肝要です。また、対象会社の社長が、突然いなくなると、社内や取引先が不安に思うことがあるため、本件のように一定期間会長や顧問の役職について業務の引き継ぎを行うケースもあります。

M&Aの実行までは、交渉チームを作り、十分な予算をかけて対応しますが、実行後の管理はおろそかになっているケースもあります。シナジー効果の達成のためには、ポストマージャーの重要性を経営者がしっかり認識することが重要です。

　ハルカにとっても、これからがFutureとのシナジーを発揮するための正念場となります。両社の人事制度、システム、オフィスなどを順次統合して、早期に一つのグループとして総合力を発揮できるようにすべきです。

CHECK LIST

**チェックリスト**

☑ M&Aの対象会社の企業価値や問題点について十分調査したか

☑ 契約書には買収後のことも想定した必要十分な条項が規定されているか

☑ 法律上、税務上問題のないスキームや契約内容になっているか

☑ 買収後の統合・融合のプランと実行プロセスは検討されているか

**今回の重要法令**

**会社法127-130条**

ADVICE　**経営者へのアドバイス**

●M&Aは、シナジーを実現する成長戦略として重要ですが、成功させるためには慎重な経営判断が求められます。

●高値掴みをしないよう、対象会社の企業価値を見極め、デューディリジェンス（DD）や契約交渉をしっかり行いましょう。

●M＆A実行後は早期に対象会社を統合・融合することが大切です。

# ベトナム企業に開発外注で
# トラブル発生！

本章は、海外企業に開発を外注した場合の納期遅れ・品質粗悪等のトラブルを想定した、海外取引の法務の基本について解説していきます。

# 6 ベトナム企業に開発外注で<br>トラブル発生！

## ◆ベトナム企業に開発委託

　無事にFutureを買収し、EATingは、スイテルのチャット機能の設計を完成させた。指揮をとったのは技術部門の責任者である佐々井だ。チャットで質問に答える、可愛いゆるキャラもイラストレーターと共に制作。名前は、社長のハルカから取って『はるとん』とした。飲食店がこのシステムと連動する端末機器を導入することによって、予約から、店内での注文、決済まで行うことができる。また、チャット機能により利用者の問い合わせの８割程度の対応を自動化することもできる。これで、飲食店と利用者双方の利便性が格段に向上するだろう。

　飲食店で使う端末機器のベースができ上がれば、あとの開発は海外企業に外注した方が安くあがる。佐々井は以前の職場で話を聞いたことがあったベトナムや中国などの企業数社に見積もりを取り、断然コストパフォーマンスがよかったベトナムの「カムオン」と、早速zoomで打ち合わせをした。

　カムオンの代表者は佐々井と話し、EATingが示したクオリティや納期などを理解して、人懐っこい笑顔を浮かべた。好印象を持った佐々井は、ハルカに意気揚々と報告した。

「カムオンは、日系企業からの受託も多く、とても評判がいい会社みたいですよ。あの様子なら、直接ベトナムに行かなくても大丈夫そうです！」

　満面の笑みで報告をする佐々井に、ハルカは一抹の不安を覚

えた。はじめて取引する会社を実際に確認しに行かなくて大丈夫なものだろうか。とはいえ、実際にベトナムに見に行くとなるとそれなりの段取りを踏み、スケジュールもかなり調整しなければならない。ハルカにも佐々井にも当面その余裕はなさそうだった。限られた人数でビジネスを回しているベンチャー企業のEATingには、2人の代わりになる人材はいない。

「それで、カムオンはどのくらいの期間で完成させられると言っているんですか？」

　ハルカは佐々井に尋ねた。

「おおむね3カ月で作れるそうです。納品してから微修正に入ることになりました。**製造委託契約書**もカムオンから送られてきたものを使えば大丈夫そうです。英文契約書にしてはシンプルでした」

「3カ月後であれば悪くないペースですね。それでいきましょう。念のため、契約内容については真部先生にチェックを依頼してもらえます？」

　ハルカの一言に、佐々井はやや怪訝な顔をした。そんな心配はないと言いたいのだろう。しかし、契約まわりについては万が一の場合に備えて、弁護士に確認してもらったほうが安心である。「よろしくお願いします」と佐々井の表情には気づかぬふりをして、ハルカは話を切り上げた。

### ◆納期の遅延

　約束の3カ月が経ったが、カムオンからはいっこうに連絡がこなかった。2カ月前までは、佐々井が進捗確認の連絡をするとすぐに返信してきた。しかし、納期が迫るに連れて徐々に相

手からのレスポンスが遅くなり、今は5日前に送ったメールの返信を待っている状態だ。佐々井の不安はどんどん募っていった。佐々井はメールだけでなく何度も電話をかけたが、その度に「もう少しなんです」「立て込んでいましたが、あと一歩で」などとはぐらかす対応がなされた。

　いよいよ追い込まれた佐々井が「このままではらちがあかないので現地に行く」とメールを送ると、慌ててカムオンの代表者から「来週中には納品できます」と返事がきて、佐々井は渋々届くのを待つことにした。

　最初の納期予定日から遅れること1カ月、やっとカムオンから製品が納入された。しかし、制作期間4カ月をかけて届いた成果物は"粗悪品"そのもので、佐々井が示したクオリティには到底届いていない。仕上がりのレベルが低い上に、数回試すとエラーも起きる。とても新サービスとしてリリースできるような代物ではなかった。

　愕然とした佐々井は、ハルカと勝田に状況を報告した上で、「なんとか利用できるまでのクオリティに引き上げます」と汗をかきながら伝えた。そんな佐々井をハルカは心配し、眉をひそめた。


## ◆カムオンとの押し問答

　佐々井は即刻カムオンの担当者に電話をかけた。製品の詳細な不具合については写真と動画に収めて、メールで送ってもいる。どう見てもカムオンが突貫工事でミスだらけの製品を送ってきたことは明らかで、言い逃れできない状態だと佐々井は感じていた。しかし、電話越しの相手は言葉が上手く妙に冷静

だった。

「納期が遅れたのは、部品がうまく届かず、人繰りも調整がつかなかったんです。ベトナムではよくあることなんですよ。でも、待ったおかげてきちんと部品も人も揃えることができました。よかったですよ〜！」

　堂々とそう語る担当者に対して、佐々井は唖然とした。

「いや、結局納期は遅れていますし。それに、送っていただいた成果物のクオリティがあまりにひどい。契約上の仕様にまったく合っていません。これでは弊社で使うことはできませんよ……。きちんと対応してください」

　佐々井の剣幕にも、カムオンの担当者は動じなかった。

「そうですかぁ？　こちらで検品した時は正常でしたよ。日本に到着してから壊れた可能性もありますよね？」

　まったく悪びれる様子がない。この後に及んでシラを切り通すというのかと、佐々井は頭に血が登った。

「そんなことは絶対にないですよ！　本当に御社内で出荷前に検品していますか？　あんなひどいものを送っておいて！」

　結局、この電話で製品の修補をさせることはできなかった。カムオンの代表者は非がないと一貫して主張したが、これに対して佐々井は感情的になり、うまく話を詰めていくことができなかったのだ。


◆真部のアドバイス

　うなだれる佐々井は、再度スマートフォンを手に取り、真部に電話をかけた。2コールですぐにつながる。

「真部先生、お世話になっております。EATingの佐々井です」

「おお。佐々井さん、どうしました？　浮かない声ですね」

「実は先生に以前ご相談していたベトナム企業とのやりとりが
うまくいかなくなりまして……」

　佐々井はこれまでの経緯をできるだけ手短かに話した。真部
はたまに質問を挟みながら、丁寧に佐々井の話に耳を傾ける。
真部に話をしながら、佐々井はどんどん情けない気持になっ
た。いったい自分の対応のどこがまずかったのだろう。

　佐々井が話し終えるのを待って、真部は口を開いた。

「佐々井さん、状況はわかりました。大丈夫です。最初にカム
オンと、どのような契約を結んだか覚えていますか？」

「はぁ、契約書はいま手元にありますが……先生に指示しても
らった通り、契約時には対価の４割だけ支払うことにしていま
す。他にも、当社に有利になるように色々修正しました」

　佐々井は、発注する前に真部に相談した内容を思い出した。
カムオン側からは、「契約時に全額支払い」という条件が提示
されていた。ベトナムではそうした契約が当たり前だから、そ
れに従ってほしいと言われたのだ。しかし、真部に相談したと
ころ「絶対にダメです。先払いすると不良品だった場合の交渉
が厄介です」と珍しく強い口調で返された。そのため、佐々井
は契約時の支払いをなるべく少なくするよう交渉し、なんとか
４割で合意できたのだった。

　真部からは、プログラムの出来が問題になることが多いの
で、仕様書を契約書に添付するよう指示されていた。真部は最
初からこうしたトラブルを見越していたというのか。佐々井は
スマートフォンを握り直した。

「真部先生、じゃあ、まだカムオンに制作をやり直してもらえ

るということですよね？」

「そうです。残金の6割は検収後に支払うことにしていたので、製品の修補をしない限り残額を払わないという強気の交渉をしてください」

「な、なるほど……。でも、また不具合のある製品が送られてくる可能性がありますよね」

「十分にあり得ます。きちんと検収をして、契約書に添付した仕様書の水準に到達するまでOKを出してはいけません。また、検収後に問題が見つかる可能性もあります。その場合でも、きちんとカムオン側と交渉をしてください。契約上、契約不適合責任の規定を入れてあるので、それに従って問題の発生を知ってから1年間は無償で修補や損害賠償を請求できます。準拠法は日本法、紛争処理は東京での国際仲裁にしておいたので、いざとなった時の交渉でも有利になります」

「なるほど、わかりました。ありがとうございます！」

　佐々井の声に再び精気が戻る。佐々井は、真部との電話を終えると、すぐにハルカの元へ走った。

## ◆自分の目で確認する重要性

　その後も、佐々井とカムオンとのやりとりが続いた。「修補をしなければ残額の支払いはできない」と強気で伝えると、慌てて改良を図り、再度送ってきたが、それでも十分なクオリティとは言えなかった。佐々井は再び商品を返し、そんなやりとりを2回ほど重ねて、やっと納得できるレベルに達するものが送られてきた。

　契約で守られているという土台があったからこそ、佐々井はあくまで冷静に粘り強く交渉を進めていくことができた。

　ハルカはその様子をみて、ホッと胸をなでおろした。


　今回はなんとかうまくいったものの、次回以降も同じようなトラブルが起きないとも限らない。ハルカは佐々井と勝田、そして真部に声をかけ、今後の海外企業との取引についてルールを作ろうと呼びかけた。

　そして、契約上の規定を設けるのはもちろんだが、技術者が実際に現地に行って製造過程を確認し、不具合が出ないような仕組みを作ることを最重要項目に置いた。めまぐるしい忙しさなのは、ここに集まった経営陣全員共通のことだ。しかし、もし取引スタート時に手を抜いて、きちんと現地企業の調査をしないで進めれば、今回の二の舞になる可能性もあるだろう。EATingにとって、今後海外企業との取引は避けては通れない。改めて、海外企業との取引の土台を作る時期がきたのだとハルカは感じていた。

## 解説
### 海外取引の基本

### 1　海外取引の留意点

　グローバル化が進んでいる今日、規模の小さい企業であっても海外企業との取引は避けて通れません。業種にもよりますが、将来的な事業の成長を考えるなら、起業当初から海外展開も視野に入れておき、ある程度事業の基盤ができたら積極的に海外企業との取引を行っていくべきです。

　しかし、海外企業との取引においては、国内企業間での契約以上に、慎重な配慮が必要になります。契約の前提になる法律や商慣習が各国で異なるので、紛争を未然に防ぐため契約書に詳細な規定を置かざるを得ません。取引上のリスクや紛争になりそうな点を想定して、自社に有利になるような条項を規定しておくべきです。英文契約に特有の条項が入ってきたり、相手方が自社に不当に有利な条項を入れてきたりすることも珍しくありません。英語がわかるだけではリスクの所在に気づかないことが多いので、専門家によるチェックが欠かせません。

　国内企業同士であれば、意図的な契約違反はレピュテーションに係るためそれほど生じることはありませんが、海外企業の場合は、相手方を信用しやすい日本企業をターゲットにした悪質な取引もあります。そのため、相手方の財務状態や信用についても事前に調査し、意図的な契約違反があった時のリスクを想定しておく必要があります。

　また、契約書に規定してあるからといって、相手方の国で差

117

止め請求をしたり、損害賠償を請求したりすることは、法律上も事実上も、日本と同じようにできるとは限りません。また、損害賠償が認められたとしても、相手方が任意に支払ってこないこともあり得ます。したがって、強制執行して回収できる財産を相手方が有しているかどうかも確認しておくべきです。

## 2 製造委託契約のポイント

製造委託においては、自社で製造するより安価でできるメリットがあり得ますが、委託先の技術レベルや製造能力のチェックが重要になります。合意した仕様が不明確な場合、安い原材料を使ったり、製造方法に問題があったり、製品の品質が合意したレベルを満たさない場合、納期や支払い期日に遅れた場合等に紛争になりやすいといえます。

特に、共同研究開発的な要素がある製造委託の場合は、契約当初は仕様が確定していないこともあるため、<u>当事者間の責任範囲を明確にしておくべきです</u>。

製造委託契約では、以下のような点がよく問題になります。

| | |
|---|---|
| ・対象製品 | ・製造業者の販売権の有無および範囲 |
| ・競業禁止 | ・委託の内容、再委託の可否 |
| ・支給品、貸与品の有無 | ・対価、支払条件、納期 |
| ・技術指導 | ・品質保証、契約不適合責任 |
| ・知的財産権の帰属、侵害対応 | ・製造物責任 |
| ・契約期間および契約の終了 | ・契約終了の効果（ノウハウ、支給 |
| ・紛争処理条項（準拠法、管轄） | 　品、貸与品の返還） |

### 3 実際の国際紛争の解決

　国際的な案件において、法的手段によって海外企業から損害を回復することは、仮に法的に可能であったとしても、時間的にも費用的にも割に合わないことが少なくありません。規模の小さい企業はそこまでの体力がないケースがほとんどです。リスクを最小限にとどめながら、契約条項を守らせるためのビジネス上の仕組みを工夫することが重要です。

　今回、真部弁護士が契約時に対価の全額を払うことをやめるようにアドバイスしたのはそのためです。製造委託契約において、海外企業は、原材料の調達費や人件費等が掛かることや自国の商慣習を理由にして全額先払いを要求してくることがあります。しかし、全額払ってしまうと、製品が契約通りの仕様でなかったり、納期の遅延があったりしたときに、相手方は真摯に対応しない恐れがあります。一度支払ったものを回収するのは難しいので、可能な限り後払いにするよう交渉すべきです。

　また、真部弁護士が、準拠法と紛争解決の方法にこだわったのも、トラブルが生じたときの交渉を有利に進めるためです。実際に裁判や仲裁を行わない場合でも、日本企業にとっては、最終的に日本法に従って日本で解決できるということがホームグラウンドで戦えるという強みにつながります。

　特に日本企業との取引が多いアジアの企業を相手にする場合、日本で勝訴判決をとっても国際私法上、現地で強制執行できない国がほとんどです。逆に、現地国で勝訴判決を取れば当然現地で強制執行は可能ですが、現地の裁判所は必ずしも中立公平ではないので、日本企業が勝訴判決をとるのは困難なこと

も少なくありません。仲裁であれば、ニューヨーク条約があるのでどこの国で仲裁判断を得ても強制執行可能ですが、裁判と同じように時間と費用は掛かります。

　相手がそのような実態を知っている場合、平気で契約違反をしてくることや財産を隠すこともあり得ます。少なくとも、契約上の紛争解決条項については、相手国で強制執行可能にするために、裁判ではなく仲裁手続きにしておくべきです。裁判と仲裁の主な違いは図表7の通りです。

　以上のように、海外取引には様々な難しさがありますが、企業にとってはビジネス上、大きな利益をもたらすため、しっかり法的武装をした上で実行に移すべきです。

　実際に海外取引を始める時には、信頼できる相手を選ぶことが大事で、重要な案件であればあるほど事前調査をしっかり行うべきです。その上で、経験豊富な専門家と相談しながら可能な限りリスクが低いスキームを作り、取引開始後はしっかりとリスク管理をして、紛争の芽を未然に摘むようにしましょう。

図表 7　裁判と仲裁

|  | 裁　　判 | 仲　　裁 |
|---|---|---|
| 判断権者 | • 資格ある裁判官<br>• 当事者が選べない<br>• 専門性や質にばらつき（国にもよる） | • 仲裁人<br>• 当事者が事案に応じて選任可能<br>• 専門性やビジネス感覚がある |
| 秘密性 | • 対審・判決言渡しは公開が原則 | • 仲裁手続・仲裁判断は非公開 |
| 時間 | • 訴訟にかかる期間は国による<br>• 上訴ができる反面、長期化の傾向 | • 上訴ができないため、早期解決が可能 |
| 費用 | • 裁判官の報酬を支払う必要がない<br>• 手続費用は比較的安い（国・制度による）<br>• 現地の資格がある代理人が必要<br>• 現地語への翻訳が必要な場合、費用が増大する<br>• 長期化すれば負担が増える可能性あり | • 仲裁人の報酬が高額になる可能性あり（特に 3 名の場合）<br>• 手続費用が比較的高い<br>• 代理人の資格制度は緩い<br>• 英語／日本語で手続きをすれば翻訳費用が節約できる<br>• 上訴ができない分、低額ですむ場合もある |
| 手続 | • 厳格である（特に送達やディスカバリー）<br>• 強制力がある | • 柔軟に決められる<br>• 強制力がない（特に証拠提出） |
| 承認・執行 | • 判決の国際的強制に関する多数国間条約がない<br>• 国により、執行できない場合も多い | • ニューヨーク条約により仲裁判断の国際的な執行が可能 |

チェックリスト

- ☑ 委託先の海外企業の製造能力や信用を確認したか
- ☑ 製品の納入前に対価を先払いしていないか
- ☑ 契約に不適合な製品が納入された時の規定は自社に有利になっているか
- ☑ 紛争解決条項は自社に有利な内容か

今回の重要法令

**民法559条 562条　民事訴訟法118条**

---

**ADVICE** 経営者へのアドバイス

●海外企業への製造委託はメリットとデメリットをよく検討し、実行する際は自社に有利な契約書を結びましょう。

●国際紛争の解決は、多くの時間と費用がかかり、権利の強制的実現が困難なケースがほとんどなので、事前にリスクをよく検討すべきです。

●契約上、紛争解決は仲裁によって行う旨を規定し、海外取引に詳しい専門家のアドバイスを受けましょう。

# 国内ライバル企業による
# 特許侵害

本章は、特許侵害を受けた場合の対応法と、その後の訴訟提起から、侵害対象の製品等についての販売差止め、損害賠償請求までを解説していきます。

# 国内ライバル企業による特許侵害

## ◆チャット機能の特許取得

　スイテルにチャット機能を搭載したことで、EATingの売上は加速度的に増した。マスコット『はるとん』の人気も爆発。LINEスタンプにして売り出すとこれまたダウンロード回数が月間３位を記録する。さらに、キャラクターグッズ制作の話まで持ちかけられるようになったのだ。

　スイテルのブランド力は、名実ともに上がっていった。

　真部からは、このチャット機能の設計段階で新技術として特許の申請をするようにとアドバイスを受けていた。真部はハルカにこう注意を促していた。

　「サービスが目立つようになれば、必ず追随してくる企業が出てきます。開発期間のいまのうちに、チャット機能の**特許**も出願しておきましょう。出願が通るまでにしばらく時間がかかりますからね」

　ハルカは半信半疑ながらも真部の言葉に頷いた。起業して数年のベンチャー企業であるEATingのサービスを真似ようとする企業など本当に現れるのだろうかと疑問を抱いたのである。そんなハルカの心を察知したのか、真部は話を続けた。

　「川名社長、今後会社を安定させていくには**特許戦略**は不可欠なんですよ。じゃあ、近々おいしいワインでも飲みながらそんな話をどうかな～？」

　「わかりました。では特許の出願手続きをお願いします。特許

戦略については今度オフィスで詳しく聞かせてくださいね！」

　ハルカは真部に特許の出願手続きを依頼し、ワインの話には触れずに電話を切るのだった。


　数日後、真部はハルカに**早期審査・早期審理制度**の説明をし、AI分野の出願を得意とする弁理士に出願手続きを依頼して早期に特許を取得することにした。さらに、ハルカは将来進出する可能性のある中国、台湾、韓国への出願も決めた。


## ◆競合の不審な動き

　チャット機能の搭載から半年後。

「社長、今、少しお時間よろしいですか？」

　ハルカは、オフィスで突然佐々井に声を掛けられた。ベトナム企業カムオンとのやりとりではピリピリした雰囲気を見せた佐々井だが、いつもは朗らかな笑顔でメンバーに接している。その佐々井が、今日はいつになく険しい顔をしていた。

「佐々井さん、どうしたんですか」

「この画面見てもらえますか……？」

　佐々井の手には自身のスマートフォンが握られており、液晶にはチャット予約機能の画面が映し出されている。

「ん？　うちのチャットがどうかしたんですか？」

　不具合かと思い尋ねると、佐々井は首を振った。

「やっぱりうちのチャット画面だと思いますよね……。でも違うんです。競合のガブリンのチャット予約機能なんですよ」

「え？！」

　ガブリンは、これまでチャット機能をつけずに飲食店予約ア

プリを運営してきた。業界ナンバーワンのガブリンを追い抜くために、EATingは、Future買収という巨額の投資をしてチャット機能をつけたのである。しかし今、そのガブリンはEATingのスイテルとそっくりのシステムを作り上げていた。ガブリンの予約チャット画面には、EATingのマスコット『はるとん』に似て非なる『ガブオ』がニンマリと笑っていた。

「そんな……、うちのチャット機能にそっくりじゃないの！」

ハルカの驚きを受けて、佐々井は切なそうに頷いた。

「そうなんです。これは明らかにうちのサービスを意識したものだと思います。社長、真部先生に相談しましょう」

ハルカは自分のスマートフォンを取り出し、すぐに真部に電話をかけた。

◆ガブリンの調査スタート

ハルカからの電話を秒速でとった真部はいたって落ち着いた声で「それは調べる必要がありそうですね」と答えた。

「先生、よろしくお願いします。技術の細かな話になると思うので、佐々井と確認を取りながら進めてもらえますか？」

ハルカが早口で言うと、真部が「え〜社長とじゃないのお？」とおどけた声をあげた。ハルカは、「よろしくお願いします！」とだけ言って電話を切る。

「では、佐々井さんもお願いします」

ハルカは佐々井の肩を叩いてそう頼んだ。


真部と佐々井は連携を取り合いながらガブリンのチャット機能の調査を進めた。佐々井はガブリンの端末機器を入手し、リ

バースエンジニアリングで機能の解析を続けた。

　数日後、真部は調査結果の資料を確認するために、EATing
のオフィスを訪れた。佐々井からの報告内容は、「ガブリンは
確実にEATingの特許権を侵害している」というものだった。
真部は、佐々井から受け取った資料に目を通しながら、細かな
点を確認していく。

「なるほど。これはひどいですねぇ」

　一通り状況を把握すると、真部は呟いた。その様子に佐々井
は顔を上げた。

「真部先生、これは……」

「はい、間違いなくガブリンは特許権侵害を起こしています
ね。佐々井さん、ご自身と川名社長の日時があう日をいくつか
いただけますか。弁理士と相談するミーティングをセッティン
グしたいです」

　佐々井が唾を飲み込んだのがわかった。競合との全面的な戦
いとなる。しかも、相手は業界ナンバーワンのガブリンだ。

「は、はい。よろしくお願いします」

　佐々井は深々と真部に頭を下げた。

### ◆ガブリンへの一打撃目

　数日後、ハルカ、真部、佐々井、そして、弁理士の高台が EATingのオフィスに揃った。高台はフィンランド人の父と日本人の母を持ち、端正な顔とスーツがよく似合うスラリと長い手足が特徴で、背の高いハルカと高台が並ぶと、まるでファッション誌の1ページのようだ。佐々井が、「不謹慎ですが、高台さん格好いいですね」と真部に耳打ちすると、真部は目に見えて不機嫌になった。

「さあ、高台先生、早く本題に入ってください！」

　真部に急かされた高台は、ゆったりと椅子に座りなおし、早速相談内容に入った。

「真部先生からざっと概要は伺いました。詳細を伺えますか」

　佐々井はガブリンのチャット機能があまりにもEATingのそれに類似していること、そして、リバースエンジニアリングにおいても特許権侵害が認められたことを高台に説明した。高台はエンジニアから弁理士になった経歴の持ち主で、佐々井に質問をしながら事細かにガブリンのチャット機能を紐解いていった。

「そうですね。これは悪質な特許権侵害です」

　佐々井の話を一通り聞いた高台は、冷静にそう告げた。その発言に真部も頷き、言葉を継いだ。

「最初の一手は、ガブリンへ内容証明による**警告書**を送って牽制するのがよいと思います。川名社長、どうですか？」

「わかりました。そうしましょう。弊社は絶対に負けられません。真部先生、高台先生、よろしくお願いします」

　覚悟を決めたハルカは、2人に頭を下げた。

## ◆最終手段を決断

　1週間後、ガブリンへの警告書がEATingの代理人として真部から送られた。ガブリンはすぐに書類を受け取ったはずだが、2週間が経っても、なんのリアクションも示さなかった。そして、ついに3週間が経ち「そろそろ次の一手に出ようか」と真部が検討し始めたある日、ガブリンの代理人弁護士から回答書が届き、弁護士同士で数回のやり取りがなされた。

　しかし、交渉での解決は難しく、真部はすぐにハルカに連絡を取った。交渉決裂の報告に、電話越しでもわかるほどハルカは緊張の色を示した。

「先生、ということは……」

「はい。ガブリンを相手どって訴訟を提起しましょう」

　真部は、はっきりした口調で言った。ハルカは少なからず「訴訟」という言葉に動揺したが、覚悟を決めて「先生、よろしくお願いします」と低い声でうなずいた。


　裁判の日、ハルカは気合いの入った商談の時に着用する、お気に入りのスーツを選んだ。裁判所の前で真部と待ち合わせたが、真部の様子は、いつもとまったく変わらない。

「川名社長、そのスーツ似合っていますね〜♡」

　呑気にそんな軽口まで叩いてくる真部に、余計に不安になってくる。実際に主張を戦わすのは真部であるにも関わらず、ハ

ルカは緊張で足が震えていた。隠れて深呼吸するハルカの背中に、真部は「社長、大丈夫ですよ」と毅然とした態度で言った。振り返ったハルカの目には、すでに資料に集中している真部の姿が映った。

　真部の奮闘により、EATingは終始有利に訴訟を進めることができた。ハラハラしながら見守るハルカの心配をよそに、真部の手腕は見事なものだった。細かな技術分野の話を裁判官にも理解しやすく噛み砕き、その上でガブリンの悪質な特許権侵害を主張・立証した。ガブリン側の弁護士が反論したものの、真部には歯が立たない。

　ハルカはその様子を固唾を呑んで見守った。これまでのアドバイスから真部の実力は知っていたつもりだが、これほどまでだったとは……。

　4回の弁論準備手続きによる審理を経て、裁判官は侵害があったという心証を得て、両者に和解を勧告した。結果的に、ガブリンはチャット機能の一切の使用を禁じられ、和解金として、EATingに対して1,000万円を支払うことになった。

　チャットによる予約は、EATingならではのサービスとして守られたのだ。

　和解が成立すると、ハルカは「ふーっ」と深く息を吐いた。そして裁判所から出るときに、ハルカから真部に握手を求め手を差し出した。

「先生、ありがとうございました。本当に救われました」

　差し出されたハルカの手を驚いて見つめた真部は、ニッと笑

い、強く手を握った。

「よかったですね。では、祝杯でもあげにいきますか？」

「ふふふ。それはまた今度！」

　にこやかに言うハルカに、真部は「相変わらずつれないなぁ」とふざけたように返した。２人の足取りはいつになく軽く、秋風の中を並んでオフィスに向けて歩いていった。

## 1 特許権

　特許権は、産業上の利用可能性、新規性、進歩性などの要件を満たした発明について与えられる権利です。特許権者は、業として特許発明を独占排他的に実施することができます。特許権の効力は登録によって生じ、出願から20年で終了します。

　出願前にマスコミに公表したり、商品を販売したりした場合は新規性がなくなり特許権は取得できませんが、自己の行為に起因して発明が公知になった場合には、公知になった日から6カ月以内にその旨を記載して特許出願すれば例外として特許権が認められることになりました。

　ただし、例外の適用を受けるにはいくつか要件があるので、出願前には発明の内容を他人に知られないように配慮する必要があることには変わりがありません。

　発明者が特許権を得るためには、特許庁に対し、発明の内容等を説明して登録の出願をする必要があります。特許庁における審査を経て特許権の設定登録がされると、発明の内容が一般に公開される一方、特許権者は特許権の存続期間中、当該特許の対象たる発明について、独占的に実施する権利を得ることができます。特許審査の流れは図表8のとおりです。

図表8

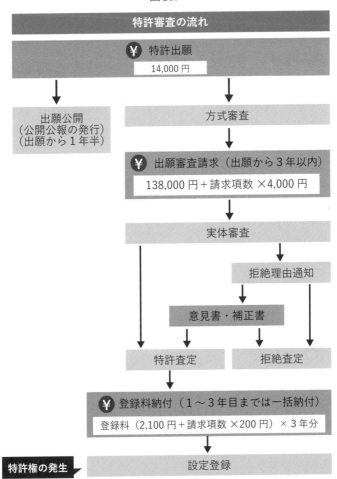

**特許審査の流れ**

¥ 特許出願
14,000 円

出願公開
（公開公報の発行）
（出願から 1 年半）

方式審査

¥ 出願審査請求（出願から 3 年以内）
138,000 円＋請求項数 ×4,000 円

実体審査

拒絶理由通知

意見書・補正書

特許査定

拒絶査定

¥ 登録料納付（1〜3 年目までは一括納付）
登録料（2,100 円＋請求項数 ×200 円）× 3 年分

特許権の発生

設定登録

本件でEATingが利用した早期審査・早期審理制度は、一定の要件の下、出願人からの申請を受けて審査・審理を通常に比べて早く行う制度です。早期審査を申請した出願の平均審査順番待ち期間は、早期審査の申請から平均3カ月以下となっており（2017年実績）、通常の出願と比べて大幅に短縮されています。また、早期審査を申請した場合には、申請後、審理可能となってから平均4カ月以下で審決を発送しています（2017年実績）。

　特許出願にかかる費用は、発明の内容等にもよりますが、特許庁の費用と弁理士への報酬の合計で30〜50万円、審査請求にかかる費用は、同様に合計で20〜30万円程度になります。中小ベンチャー企業を対象にした手数料の減免措置もあります。その他特許庁がスタートアップ向けの情報をまとめて公表していますので参考にしてください（https://www.jpo.go.jp/support/startup/index.html）。

　特許を取得する際は、「強い特許」になるように、幅広く権利行使が可能で、無効とならないような明細書の記載を工夫すべきです。そのためには、当該技術分野の特許出願の得意な弁理士に依頼することが大切になります。特許権者は、第三者が無許諾で発明を実施している場合に、特許権に基づき、当該第三者に対し損害賠償請求や差止請求等をすることも可能です。特にバイオやITなどの技術系企業においては、特許権は最も重要な知的財産権の1つということができるでしょう。

　海外での生産や販売を考えている場合は、海外への特許出願も検討しましょう。特許権は各国ごとに成立します。そこで、外国で自社の特許権が侵害されているとして、侵害行為の差止

め等をするためには、その国で特許権を保有していることが必要です。特許は先願主義なので、早く出願した者に権利が付与されます。国際特許条約（PCT）やパリ条約の加盟国においては、日本国内での出願後一定期間は海外での優先順位が確保できます。タイムリーに、攻めにも守りにも強い特許を取得していくために、海外にネットワークを有する信頼できる弁理士に相談しましょう。

## 2　特許権の侵害行為

　特許権者は、原則として、「登録された特許」を業として独占して実施できる権利を持ちます。他人が特許権の許諾なしに、当該特許発明を「業として実施」する行為が特許権の侵害となります。特許権者は、権利を侵害している者に対して警告を行うなどして自社の権利を主張することで、知的財産の価値を守り、他の侵害行為をけん制することができます。特に海外では模倣品や海賊品への対策が必須です。

　権利侵害が明らかなケースでは、警告書を出すことによって和解交渉が始まり、権利者と侵害者との間でライセンス契約を結び、利用料を支払う形で解決することも少なくありません。特許権侵害訴訟では、以下のような点を主張します。

### ①　登録された特許があること

　権利を出願しているだけではなく、特許庁等の審査を経て特許権が成立し（権利化）、維持費用を支払って権利を維持している必要があります。

また、特許権侵害が認められるためには、特許権が有効であることが必要です。特許権は、特許庁の審査を経て成立しますが、特許権が成立するための要件（新規性や進歩性など）が欠けており、後日無効とされる場合があるため、注意が必要です。また、逆に特許権を侵害している旨の警告がされた場合には、相手方の特許の無効理由を探し、無効審判請求や無効の抗弁を主張することになります。

## ②　他人が特許発明を業として実施していること

　自社の特許権の権利範囲は、特許明細書に記載された「特許請求の範囲（クレーム）」に基づいて定められます。原則として、他社の製品等が、特許請求の範囲に記載された構成要件を全部備えている場合に侵害（直接侵害）となり、業として特許権の対象物の生産にのみ用いる物を生産、譲渡する行為等は、侵害の予備的な行為ないしは補助的な行為として、侵害行為とみなされます（間接侵害）。文言どおりだと権利範囲に入らなくても、本質的に特許発明を模倣していると考えられる場合には、均等侵害が認められることもあります。

　また、ここでいう「実施」とは、特許が「物の発明」の場合には、特許対象の物を生産、使用、譲渡、輸出または輸入する等の行為が当たります。たとえば、特許製品を無償で譲渡する場合でも、業としてなされた場合には侵害に当たります。

### 3　民事的救済

　特許権の侵害に対する主な民事的救済手段には次のようなも

のがあります。

・侵害行為に対する差止請求

・仮処分の申立て

・侵害によって受けた損害の賠償請求

・侵害者の不当利得の返還請求

・信用回復措置の請求


　本件のようにまず侵害の有無について主張立証がなされ、裁判所が侵害があったという心証を得ると、損害額についての審理に入ります。EATingは、ガブリンに対し、侵害行為に対する差止めと損害賠償を請求しました。一方のガブリンは、自社製品がEATingの特許権の及ぶ範囲ではないことや、EATingの特許権は新規性の無いものであり無効であることを主張しました。本件では、特許権侵害が認められ、裁判所の勧めに応じてEATingに有利な和解が成立することになりました。

　実際の案件でも、侵害が認められることが明らかであり、双方がビジネス上の理由から早期に解決するメリットがある場合には、損害額の立証に入る前に和解で終了することも珍しくありません。

　特許法には、侵害者の過失や被侵害者の損害（逸失利益）を推定する規定など被侵害者の立証を助ける規定がありますが、技術面も含め専門性が高い難しい訴訟になります。対象分野に詳しい弁護士と弁理士に依頼して、慎重に訴訟戦略を立てましょう。

チェックリスト

☑ 開発した技術について特許化できるか検討したか

☑ 中小ベンチャー・スタートアップの場合には、特許申請についての施策を理解しているか

☑ 他社が自社の特許を侵害している兆候はないか

☑ 特許侵害が見つかった際の対応を検討しているか

今回の重要法令

**特許法100-106条**

---

**ADVICE** 経営者へのアドバイス

● 中小ベンチャー企業の場合は、特許出願において早期審査・早期審理制度や手数料の減免措置などを活用して、大企業に負けない権利保護を確立しましょう。

● 「強い特許」を取れるように、その分野に詳しい弁理士にアドバイスを受け、明細書の記載を工夫すべきです。

● 特許侵害を見つけたら速やかに警告し、適切な権利行使をすることが、自社の技術を守ることにつながります。

# ハッキングによる
# 個人情報漏洩

本章は、ハッキングによるシステムトラブル、個人情報漏洩について、個人情報保護法、リスクマネジメント、レピュテーションリスク対策の視点で解説していきます。

# 8 ハッキングによる個人情報漏洩

### ◆予約システム停止トラブル発生

「社長、大変です。予約システムがすべてダウンしています!」

　金曜日の夜23時。会食を終え、自宅に帰ったハルカのスマートフォンに、佐々井から連絡が入った。疲れとアルコールで重さを感じていたハルカの頭は、一気にフル回転を始める。

「いったい何があったんですか?!」

「それが、まだ原因がよくわからないんです……」

「了解。すぐに会社に行きます!」

　ハルカは冷蔵庫からペットボトルの水を取り、脱いだばかりの上着を片手に再びパンプスに足を通す。大通りでタクシーを捕まえて行き先を伝えるとすぐに勝田に電話をした。

「予約システムがすべてストップしているらしいの。申し訳ないけれど、今からオフィスに出てこられますか?」

「わかりました。すぐに行きます」

　勝田は短く答えて、電話を切った。タクシーが到着する頃には復旧していることを願いながら、佐々井に「今、向かっています。何かわかったらすぐに連絡ください」とメールをした。

　ハルカ達がオフィスに到着すると、残念ながら、状況は報告を受けてから改善されていなかった。予約システムはダウンしたまま。原因もわからない。

　佐々井は資料を片手にハルカと勝田の前で、「おそらく……ハッキングを受けたと思われます」と悔しそうに告げた。

## ◆ハッキングによる個人情報漏洩

　翌日は土曜日だったが、できる限りすべての社員に出社するよう連絡をした。丁寧に現在のトラブル状況を伝えたからか、文句をいう社員は1人もいなかった。朝、集まった社員全員が神妙な顔をしている。ハルカはそんなメンバーに向けて、昨晩起こったことと現在までにわかっている事実を伝えた。

「予約システムが何者かにハッキングを受けた可能性が高いです。これにより、昨夜からシステムがダウンしています。昨晩から徹夜で復旧に当たりましたが、回復には至っていません。おそらくこれから、お客様からの問い合わせがたくさん入ってきます。システム部門の皆さんは全員で復旧に当たってください。それ以外のメンバーは電話対応とメール対応にチームを分けて、お客様の対応を。対応マニュアルは勝田さんが作ってくれているので、それを基に回答してください」

　システム部門は佐々井に、それ以外の問い合わせ対応の部隊は勝田に、陣頭指揮を取るように指示をした。オフィスには、社員たちのお客様への謝罪の声が響く。ハルカも佐々井とともにシステムの復旧に追われていた。

　昼を過ぎた頃、「社長！　大変なことが」と青ざめた顔をした佐々井がハルカに耳打ちした。これ以上に大変なことがあるかと思いながら、ハルカは佐々井の方へ振り返った。

「今回のハッキングで**個人情報**が漏洩したようです」

「なんてこと！」

　ハルカの悲痛な声に、周りの社員が驚いた表情を浮かべた。

## ◆真部へのSOS

　システムの復旧を佐々井の指揮に任せ、ハルカは会議室に入った。スマートフォンで真部の電話番号をコールする。

「先生、大変なことになりまして。弊社がハッキングにあい、予約システムが昨日からダウンしています。しかも、先ほど個人情報が漏洩していることがわかったんです……！」

「わかりました。まずは、ホームページで情報を開示し、システムの復旧を第一に考えてください。……この後のことですが、警察と個人情報保護委員会に報告する必要が出てきます。また、マスコミが騒ぎ出したらそこへの対応を考えなければいけません。そのためにも原因究明を急ぐ必要があります。それらを頭の片隅において、まずは復旧を急いでください」

　真部は冷静だった。ハルカはその説明をざっとメモに取る。

「システムが復旧したらそちらに伺います。何時でもいいので連絡してください。社長、何とか乗り切ってくださいね」

　真部の言葉にお礼を言いながら、ハルカは電話を切った。

## ◆徹夜の報告書作成

　EATingの予約システムのダウンは１日中続いた。復旧に当たっていた社員は目に見えて疲弊していたが、土曜の夜に、なんとか復旧した時には、社員達がその場にへたりこんだ。そんなメンバーに向けて、ハルカは深々と頭を下げた。

「ギリギリの状態でよくここまで頑張ってくれました。ありがとうございます。みんなのおかげで、復旧することができました。今日のところは帰宅してもらって大丈夫です。明日はゆっくり休んでもらいたいところですが、システムダウンに対する

お客様対応がしばらくは続くと思います。申し訳ないけれど、しばらくは一緒に頑張ってください。よろしくお願いします」

　メンバーはハルカの言葉に「はい」「おつかれさまです」と頷き、伸びや首を回しながらオフィスを後にした。

　真部に「システムが復旧しました」とメールを送ったハルカは、勝田と佐々井の３人でオフィスに残り、今後の方針について話し合った。電話で真部に聞いた今後の対応策について２人に伝える。あとは経営陣で固めていくしかない。

　３人で分担し個人情報の漏洩規模を整理していると、真部がオフィスに現れた。深夜０時を回ろうという時間である。

「先生、こんな時間に……。わざわざありがとうございます」

　ハルカは真部に頭を下げた。

「いえいえ。ひとまず復旧までおつかれさまでした」

　そして、「はい差し入れ。こんな時間だからコンビニのもので申し訳ないけれど」といって、サンドイッチを差し出した。ハルカも勝田も佐々井も、そういえば今日はろくに食事をしていなかった。

「ありがとうございます！」

　お礼を言い、それぞれがサンドイッチを手にして真部の話に耳を傾ける。

「ここからの対応で、事が大きくなるかどうかが決まります。経営陣にとっては、今からが正念場ですよ」

　真部の指示で、ハルカと勝田と佐々井は漏洩の実態と原因の究明を急いだ。真部は３人からもたらされる情報を整理して、警察と個人情報保護委員会に向けた報告書を作成していく。

そして、気づけば社員が出社する時間を迎えていた。

「うわっ！　社長たち、あれから徹夜したんですか！！！」

ハルカは、社員の声で夜があけていたことに気がついた。


## ◆再発防止策こそカギ

　EATingの個人情報漏洩はテレビでも取り上げられる事件となった。右肩上がりで利用者を増やしている状態だっただけに、社会への影響も大きかったのだ。自分の企業の問題がテレビで取り上げられているのを見ると、ハルカは、さすがに胃がキリキリとした。しかし、世間の注目の的だったのもつかの間、数日のうちに芸能人のニュースでかき消された。

　メディアからの注目が落ち着いてからも、EATingは丁寧にお客様に謝罪を続けた。なかには、「二度と使わないわ！」「情報を売ってたんじゃないの？」など罵声を浴びせられることもあったが、多くの人が謝罪を受け入れてくれた。

　ハルカは佐々井と話し合い、ハッキングの再発防止策を練った。プロジェクトを打ち立ててセキュリティの強化を徹底したのだ。ハッカーのレベルはどんどん上がっていく。それに打ち勝つには、社内のセキュリティレベルも社員の知識レベルも上げていく必要がある。

　さらに、今回の情報漏洩で個人情報保護委員会から社員の漏洩への意識の甘さも指摘された。もちろん今回は社員から情報が漏れたわけではないが、これを機に、プライバシーポリシーや社内体制を見直し、社員への個人情報保護研修を実施することとした。個人情報についての社内研修は真部が講師を務め、社員は情報セキュリティへの意識を高めていった。

## 解説

### 個人情報の扱い

### 1　個人情報の保護

　個人情報の保護に関する法律（個人情報保護法）は、個人情報の有用性に配慮しつつ個人の権利利益を保護するとの観点から、2003年5月より施行されています。また、個人情報保護法の所管機関として個人情報保護委員会が設置されています。

　個人情報保護法は、対象となる個人情報を次のように定義します。「生存する個人に関する情報であって、（a）当該情報に含まれる氏名、生年月日その他の記述等により特定の個人を識別することができるもの（他の情報と容易に照合することができ、それにより特定の個人を識別することができることとなるものを含む）または（b）個人識別符号（生体情報関連として、DNA、顔、声紋、指紋など、公的な番号として、パスポート番号、免許証番号、マイナンバーなどがある）が含まれるもの」です。死者の情報は除かれますが、すでに公表され公知になっている情報も含まれます。

　EATingのように、アプリのユーザーの個人情報を含む大量のデータを扱う企業は、個人情報保護法をはじめとするデータの取扱いに関連する法律に注意が必要です。

　個人情報を扱う事業者は、個人情報保護法上、次の図表9のような義務を負います。

図表9　個人情報保護法上の義務

| 利用 | ・利用目的をできる限り特定しなければならない<br>・特定された利用目的の達成に必要な範囲を超えて、個人情報を取り扱ってはならない<br>・本人の同意を得ずに第三者に提供してはならない |
|---|---|
| データの取得 | ・偽りその他不正の手段により個人情報を取得してはならない<br>・個人情報を取得したときは利用目的を、本人に通知または公表しなければならない |
| 管理 | ・個人データを正確かつ最新の内容に保つよう努めなければならない<br>・安全管理のために必要かつ適切な措置を講じなければならない<br>・従業者・委託先に対し必要かつ適切な監督を行わなければならない |
| 公開 | ・利用目的等を本人の知り得る状態に置かなければならない<br>・本人の求めに応じて保有個人データを開示しなければならない<br>・本人の求めに応じて訂正等を行わなければならない<br>・本人の求めに応じて利用停止等を行わなければならない |
| 責任 | ・個人情報の取扱いに関する苦情の適切かつ迅速な処理に努めなければならない |

　法律に違反した場合には、個人情報保護委員会や主務大臣から、報告、助言、勧告、命令等の行政処分を受ける可能性があります。ここで命令に反した場合や、報告を怠ったり、虚偽報告をしたりした場合には、刑事罰が科される場合があります。また、これらの違反行為をした者が法人の代表者や従業者等であるときは、その者だけでなく、法人にも罰金刑が科せられます。2020年6月の個人情報保護法の改正により、氏名等を削除した仮名加工情報を創設したり、クッキー等の個人関連情報

が第三者提供の規制の対象となったり、情報漏洩に関する事業者の義務や罰則が強化されており、注意が必要です（施行は公布から2年以内）。

　EATingとしては、法令を遵守しつつ、収集した個人情報のビジネス上の利活用を検討するべきです。利用目的の特定、第三者提供の方法などを工夫したり、統計情報や「匿名加工情報」（個人情報保護法2条9項）としての利用を検討したりすることにより、さらに競争力を高めることが可能になります。

## 2　事前の対応

　多くの企業がそれぞれ大量の個人情報を保有する現在、個人情報漏洩に関する事件・事故が後を絶ちません。大規模なものから比較的小規模なものまで、その事案はさまざまですが、個人情報の漏洩は、企業に大きなダメージを与えます。そこで、個人情報の漏洩を未然に防ぐため、種々の対策を事前に講じておくことが大切です。

　個人情報保護法は、具体的な対策を示してはいませんが、個人情報保護委員会や各省庁が公表しているガイドライン等には、安全管理措置について定めているものがあります。

　単に法律を守るだけではなく、ユーザーからの信頼をどう守るかという観点から、個人情報の取得、管理、利用等において自社のビジネスに応じた配慮をすべきです。その上で、安全管理に関する従業員の責任・権限等を定めた規程を作成することや従業員に対する研修・啓発活動等を通じて、個人情報の漏洩を防止する意識を高く持つよう、日頃から注意喚起することが

重要です。

　本件のようなサイバー攻撃による個人情報の漏洩も増加しており、システムの脆弱性を定期的にチェックすべきです。アクセス制限、データの暗号化等のセキュリティ上の対策も重要になります。


### 3　事後の対応

　前記のような事前の対応を講じていた場合であっても、本件のようにハッキング等により個人情報の漏洩が発生してしまうことはあり得ます。その場合、まずは事実調査、原因の究明および影響範囲の特定に着手します。これらは、漏洩した個人情報の本人の特定や二次被害の防止、再発防止策の策定等の基本となるものなので、漏洩の事実を把握次第速やかに着手する必要があります。実務上の対応としては、事実調査のために、社内に専門の対策チームや、大企業では外部の専門家を含めた諮問委員会を設置するケースもあります。調査はスピードと判断力が勝負になるので、ベンチャーなどの規模の小さい企業では社長が陣頭に立って進めるべきです。

　謝罪・事実関係の報告および二次被害の防止等のためには、影響を受ける可能性のある本人への連絡も重要といえます。本人の連絡先が分からない場合には、広く一般に事実を公表することにより、二次被害の防止を図ることが必要な場合もあるでしょう。また、企業の信頼回復の観点からも詳細な事実関係の公表が要請される場合があります。企業のホームページや新聞広告において公表を行うケースが多いようです。二次被害防止

の観点からは、できるだけ早期に公表することが望ましい反面、不十分な調査による不正確な事実を公表してしまうと、かえって混乱を招くこともあるため、いつ、どのような内容の事実を公表するかという点は慎重に検討しましょう。さらに個人情報保護委員会や主務大臣への報告が求められる場合もあります。重大事案においては、社長がスピーディーに判断し、前面に出て謝罪も行うべきです。

　その上で、調査結果を踏まえて再発防止のためのセキュリティ体制の強化を図り、社会的信用の回復に努める必要があります。テレワークやデジタル化が進む中、セキュリティ対策は今後益々重要になります。

　なお、個人情報を漏洩してしまった場合には、その情報の本人から、プライバシー権侵害等の不法行為による損害賠償を請求される可能性もあります。また、企業がお詫びとして自主的に金銭等を配ることもあります。

　第三者が不正にシステムに侵入した場合は、不正アクセス禁止法違反となり、3年以下の懲役または100万円以下の罰金が科せられます。警察とも相談しながら侵入者への対応を検討することが必要です。

チェックリスト

- ☑ ビジネスで取得、管理、利用する個人情報を把握しているか
- ☑ 個人情報の管理体制、漏洩時の対策は十分か
- ☑ 個人情報に限らず、ビッグデータの扱いについての検討をしているか
- ☑ システムのセキュリティ対策は適切か

今回の重要法令

**個人情報保護法　不正アクセス禁止法**

**ADVICE** 経営者へのアドバイス

● 個人情報を扱うビジネスでは、その漏洩や目的外利用は会社の信用に深刻な影響を与えます。

● 個人情報取得、管理、利用などそれぞれに厳格なルールを設け、問題が生じた際に迅速かつ適確な対応ができるよう準備が必要です。

● 個人情報の扱いについては、法律を守るだけではなく、どのようにしたらユーザーから高い信頼を得られるかという観点も重要です。

# 海外アライアンス先の
# 入金遅れ

本章は、海外企業とのアライアンスを
行った場合の金銭等トラブルへの対応
策について、解説していきます。

# 9 海外アライアンス先の入金遅れ

## ◆EATing台湾へ進出

　創業6年目を迎え、EATingは新たなチャレンジを決意する。予約システムの海外展開である。スイテルの利用者は20代から30代がメインで、利用者の7割が女性である。海外展開を視野に入れたときに、最も効果的だと考えられた地域が、親日的で利用者層の海外旅行人気が高い台湾であった。

　食事がおいしいと評判の台湾ならば、旅行の際にあらかじめ人気の飲食店を予約しようと考える観光客が見込めるだろう。さらに、台湾の人々は日本のサービスに親和性がある。観光客に限らず、台湾の言語や商習慣にも対応するローカル商品を開発することで、台湾内での普及も狙おうと考えた。

　ハルカと勝田は台湾ビジネスに明るい経営者仲間たちから情報を集め、アライアンス候補を絞っていった。台湾にある3企業と連絡を取り見積もりを依頼し、その中で技術力も販売力も高いと評判の「ホージャー」という1社に決めた。

　ベトナム企業のカムオンと契約した際、海外企業とのやりとりの難しさを痛感したハルカは、早め早めに弁護士の真部に相談をしようと考えて、メールで連絡を取っていた。

　ホージャーからは、EATingの技術力を確認するため、ライセンスの対象となる特許権に加え、関連するノウハウを開示してほしいというリクエストがあった。しかし、真部に相談したところ、秘密保持契約だけで重要なノウハウを開示するのは危

険なので、ホージャーの本気度を知るため、ノウハウの検証を目的とした**オプション契約**を結び、ホージャーから**オプション料**を受領することをアドバイスされた。

　ホージャーは、当初オプション料の支払いを拒んだが、EATingが譲らなかったため、2回に分けて支払うことで落ち着いた。EATingがノウハウの開示を行い、ライセンス契約を結んでから台湾向けの商品を開発するかどうかを決めることになったのだ。

　ホージャーからは、代表と経営企画室長など合わせて3名がEATingのオフィスまで足を運んでくれて、にこやかに話を進めることができた。

　トラブルもなく契約交渉が進んでいき、EATingが提案した独占的ライセンス契約は大きな修正もなく締結されると思われたが……。


　6月1週目が過ぎた頃、経理の平沢がハルカのデスクにやってきた。

「社長、ホージャーからの2回目のオプション料がまだ振り込まれていません。たしか5月末という約束でしたよね？」

「おかしいな……。3日後にライセンス契約が締結される予定だから、その時にオプション料の支払いもあるはず。疑いたくはないけれど、入金がきちんとあるか確認しておきましょう」

　ハルカは胸騒ぎがしたものの落ち着いた声でそう伝えると、平沢は神妙な顔で頷いた。

## ◆契約締結の日

　契約締結の日、ホージャーは滞りなく書類を準備し、電子署名によってライセンス契約を締結。同日までに未払いのオプション料を支払い、ライセンス料の一部であるイニシャルフィーに充当することになっていた。数日前にオプション料の催促をしたところ、経理処理上のミスがあったがすぐに支払うとのことだった。他には先方の担当者の対応にも目立った問題はない。ハルカは頭の片隅にオプション料のことが引っかかっていたが、大丈夫だと自分に言い聞かせて契約を結んだ。

　ホージャーの技術力は評判通り高く、ライセンス契約の締結後、ローカル向け商品の開発は順調にスタートした。


　しかし2週間後、ハルカは平沢から再び声をかけられた。
「社長……、実はホージャーからの振込みがまだないんです」
「え？　ローカル商品の開発はもう進んでいるんだよね？」
「はい。開発はスムーズで安心していたのですが、オプション料はまだ入ってきていないんです」
「わかった。真部先生に連絡を取ってみる」
　ハルカは真部の電話番号をスマートフォンで呼び出して、その場で電話を掛けた。
「先生、台湾での開発は順調なんですが、まだホージャーからオプション料の支払いがないんです」
「そうでしたか。後ほど詳しい交渉戦略についてはメールしますが、ポイントは契約解除の可能性と遅延損害金の支払いを要求していくことです。決して"受け"に回ってはいけません」
　真部の言葉にハルカはいささか動揺した。台湾でのサービス

に期待が集まっている今の状況では、ローカル商品の開発を止める考えはなく、契約解除までは視野に入れていなかったからだ。

「せ、先生。契約解除はまだ考えていないのですが……」

「大丈夫ですよ、川名社長。ホージャーは九割九分、EATingとの契約を継続すべく動いてきます」

「……わかりました。それを踏まえて、動いてみます」

◆気が抜けぬ経理チェック

「社長、やっと振込みがありました」

　経理の平沢が満面の笑みでハルカに報告をした。詳しいことを聞かなくともわかる。ホージャーからやっとオプション料が振込まれたのだ。

「安心した！　よかった。平沢さん、ありがとう」

　平沢は嬉しそうに頭を下げて、デスクへと戻っていった。

　ハルカは安堵の息をついた。真部の言った通り、契約解除の可能性と遅延損害金の支払いを要求をすると、ホージャーは直ちに支払ってきたのだ。これからアライアンスが円滑に進むことを願っているが、油断はできない。ハルカが真部に報告のメールを打つと、すぐに返信があった。

＜社長、それはよかったです！　今回の遅延がどこまで意図的かわかりませんが、何か資金繰り上の理由があったのかもしれません。海外企業の中には、支払いを遅らせるのがよい経理だという価値観を持つところもあります。これからも覚えておいてください。＞

ハルカは今回の件だけでなく、ベトナムのカムオンとのトラブルも思い出し、「なるほど……」と呟いた。国内でのビジネスとはまったく違う注意が必要なのだと改めて痛感する。

「これからも気を抜くことはできないな……」

ハルカは、そうひとりごちて、気を引き締めたのだった。

## ◆過少払い問題が発生

ホージャーは、予定より少し遅れてローカル商品の開発を完了し、サービスを開始することができた。しかし、ハルカの警戒心を知ってか知らぬか、新たな問題が浮上した。

ホージャーは、「純販売価格の20％」のランニング・ロイヤルティを支払う契約となっていたのだが、売り上げが伸びている一方で、振込まれた額が少なかったのだ。ハルカはホージャーからのロイヤルティレポートの総販売価格と業界レポートのサービス普及率の数字を見比べて、腕組みをした。

「これは、ちょっとおかしい気がする……」

ハルカは勝田を呼び、「どう思う？」とその２つの資料を見せた。勝田は眉間にシワを寄せて資料を見比べる。

「契約上、『純販売価格』は総販売価格から一定の費用を差し引いて計算することになっています。この普及率から見ると、どう考えても総販売価格を低めに報告してきています。費用もこんなにかかるはずがありません。……これ、明らかにごまかしていますね」

絞り出すようなその声に、ハルカは頷いた。

「そうよね。おそらくホージャーは、『純販売価格』を低く算出してロイヤルティの過少払いをしているんだと思う」

「この企業、本当に大丈夫なんでしょうか……」

「技術力と販売力は間違いないけど、私も少し不安になってる。でも、真部先生の話を聞くと、海外企業は"そういうもの"という感じもしてくるの。信頼しないというわけではなく、日本企業とは違う常識で生きているということを理解する必要がある気がする……。細かく確認をしていかなければいけないね」

「たしかに。ひとまず、ホージャーにはどう対応しますか？」

「真部先生に報告した後に、契約に従って**ペナルティ**を課しましょう」

　真部に報告をすると、やはり「すぐ先方にペナルティを課すことを伝えてください。過少払いを否定してきたら、契約上の**帳簿等の監査権**を行使して帳簿の閲覧を求めてくださいね」という返事が返ってくる。

　ホージャーに連絡すると、すぐに先方から連絡が来た。

＜手違いがあり、支払い金額に間違いがありました。＞

ホージャーからの返信は、帳簿を見られるとごまかしがばれるため、早急に非を認めて単なるミスで済ませようとする意図を感じさせた。しかし契約違反であることには間違いはない。ハルカは態度を軟化させず、ホージャーにペナルティを課した。

　今回は早期に回収でき安堵したものの、今後どうなるかはわからない。真部に報告をすると、「ひとまず、よかったですね」と落ち着いた声が返ってきた。

「開き直られたら、訴訟を起こしたとしても海外企業からの債権回収は困難なケースが多いんですよ。しっかりお互いが主張し合うことで、かえって信頼関係が深まることもあります。早期発見、早期治療が大事です。今度ワインで乾杯しながらそんなお話もぜひ……」

　久しぶりの真部節にハルカは「ふふふっ……。先生、いつもありがとうございます」と笑いながらお礼を言って、いつも通り電話を切るのだった。

## 解説

### 海外からの債権回収・海外企業とのアライアンス

1　アライアンスの重要性

　アライアンス（提携）とは、各当事者が資金、技術、設備、人材等の経営資産を共有し、既存事業の拡大や新規事業の立ち上げを目指すものです。グローバルな事業展開や新規事業への進出の際などによく行われる成長戦略であり、複数の企業が独立したまま相手方の経営資源を利用して、合意された目的を追求する契約関係です。事業が軌道に乗った後に一層の飛躍を求めるには、他企業とのアライアンスはベンチャー企業などでも有力な選択肢になるでしょう。

　一方で、大企業とのアライアンスにおいては、ベンチャー企業などが大企業から知的財産の無償提供やノウハウの無償開示などの不当な要求をされることがあり、注意が必要です。この点においては、「スタートアップの取引慣行に関する実態調査報告書」（公正取引委員会）が参考になります。

　EATingのように優れた技術やコンテンツを有する企業は、生産能力や販売ネットワークのある海外企業にライセンスすることによって、確実に海外展開ができ、早期に収益を得られることができます。許諾する権利は、特許、ノウハウなどの技術に関する知的財産権が中心で、商標、ブランドのライセンス、ソフトウェア、キャラクターなど著作権のライセンスなどが付随することもあります。許諾する知的財産権の保有者（ライセンサー）は、本来その権利について排他的な使用ができます

が、ライセンスをすることによってその排他性を主張しないと約束し、許諾を受けた者(ライセンシー)は、契約条件の下で自由に利用できることになります。

　提携先を選ぶ際には、自社の技術を活用して製品化したり、新たな技術を開発できる能力がある会社で、かつ、技術を目的外で利用したり、模倣品を販売することのない、信頼できる相手を探すことが重要です。アライアンスを検討する際には秘密保持契約を結べば安心ではありません。実際には一度開示したノウハウの回収や、流出や目的外利用による損害の賠償請求は立証が難しく、強制執行が不可能であることがほとんどです。

　本件は、EATingがホージャーに特許権(台湾で登録済)とノウハウの利用を許諾し、ローカル商品を開発するもので、技術提携の一種です。本件のように、契約交渉時に重要なノウハウを開示する場合は、オプション契約を結んで開示料(オプション料)を取得することも検討すべきです。海外企業の中には、日本企業の技術が知りたくて、ライセンス契約等を結ぶふりをしてノウハウの開示を求めてくるケースがあります。日本国内で不正競争防止法の「営業秘密」として管理されている情報が、海外で不正に取得されたり、利用されたりした場合は、同法に従って処罰されることになっています。貴重なノウハウが海外に流出しないように営業秘密としてしっかり管理し、相手方に厳密な秘密保持義務を課した上で開示すべきです。

　ライセンス契約の内容としては、許諾する権利の内容と、その対価として支払われるロイヤルティの規定がもっとも重要です。独占か非独占か、許諾地域・期間、ロイヤルティの計算方法、支払時期、監査の方法などを具体的に規定しておきます。

知的財産権という無体財産であるため、その特定と無効事由や権利侵害があった場合の保証など許諾の対象についてきめ細かな規定が必要になります。

また、本件のようにライセンシーは、ロイヤルティの支払額を減らすために総販売価格や費用の金額を操作することがありえます。契約の規定の曖昧さによる、意図的でない過少払いのリスクもあるので、ロイヤルティが規定通りに支払われているかどうかをきちんと管理し、適宜監査権を行使することも重要です。そのため、契約書には具体的なロイヤルティの報告義務や監査権の内容・行使方法を規定しておくべきです。


## 2 海外からの債権回収の難しさ

海外企業からの債権回収は国内よりもはるかに困難であり、回収に苦慮している日本企業も少なくありません。日本企業との取引が多いアジア新興国では、日本ほど債務の支払いに関する義務感が強くなく、勝手な理由を付けて何とか支払わずに済まそうとする債務者もいます。

本件におけるホージャーのように、ミスを装ったり契約条項の曖昧さを逆手に取ったりしてくることもあります。支払を遅らせることにより、その間の資金は別の用途に使えることになるので、経理部が高評価されるという会社もあるのです。

債権が回収できなかったことによる損失を売上げで取り戻そうとしたら大変です。単純化すると、利益率10％の会社において3000万円の債権が回収不能になった場合、3億円の売り上げが必要になります。そう考えると、日ごろから与信管理や

債権管理・回収をきちんと行うことがいかに重要であるかがわかります。海外企業との取引に慣れていない中小ベンチャー企業が無防備に取引に入ると、本件のように支払いをごまかされたり、遅延されたりするケースもあるので注意しましょう。

債権回収の必要が生じたら、まず督促をして支払条件の交渉を行います。電子メール、督促状、電話等を組み合わせて何度も連絡してプレッシャーをかけ、それでも応じてこない場合は、最終期限を明確にする、弁護士名により法的手段も辞さない姿勢を伝えるなどを検討すべきです。毅然とした態度を見せないと、相手方が対応を後回しにする可能性も高くなります。

なお、国内取引では担保権の設定や経営者の個人保証を取ることもありますが、国際取引ではそのようなことは少ないため、債務者の資産が回収の主な対象になってしまいます。

それらの手段も有効でない場合は、CHAPTER 6 で説明した通り、訴訟または仲裁によらざるを得ません。訴訟も仲裁も、最終的な結論が出るまでに数年はかかります（もちろん、訴訟や仲裁を提起することで相手方が交渉のテーブルに乗ってきて早期に和解できる可能性もあります）。また、国内と現地でかかる弁護士報酬は、合計で少なくとも1000万円ぐらいは覚悟しなければなりません。海外の弁護士はタイムチャージ（時間制）で請求するのが一般的なので、債権額が小さくても、作業に時間がかかると報酬の額は大きくなってしまいます。

したがって、1000万円を超えるような金額の債権で、かつ強制執行できる可能性がないと、訴訟や仲裁で解決するのは現実的ではありません。資金力がある大企業が徹底的に戦うのと違い、中小企業はこの金額を聞いてあきらめざるを得ないケー

スが多く、頭の痛い現実です。話し合いで解決するために、法的理論武装をした上での交渉戦略が重要になります。

### 3　アライアンス成功のために

　日本企業にとっての最大の防御は、自社が債権をなるべく持たないような取引形態にすることです。ライセンスをする場合には、イニシャルペイメントとして契約締結時にある程度回収し、その後のランニングロイヤルティについても入金の都度金額の正確性を確認し、疑問があれば相手方に問い合わせて早期に解決することが必要です。金額が大きくなると、相手方も身構えることになり、紛争になる可能性が高まります。

　ライセンサーは、帳簿等を監査する権利を実際に行使する姿勢を見せ、ロイヤルティの適切な報告と支払いを確保することが大事になります。

　本件では、ハルカが契約の解除や帳簿の閲覧を行う覚悟を示すことにより、あわよくば支払いの一部を免れようと考えていたホージャーも契約書通りに支払うことになりました。

　海外企業とのアライアンスにおいては信頼関係も重要ですが、必要な権利行使はためらわずに行うことも大切です。真部の言うように、相手方に対し主張すべきことはしっかりと主張することが国際取引を成功させる大きなカギとなります。EATingの次のステップとしては、アライアンスをさらに強化するためにホージャーに出資して資本提携の形で経営に関与することや子会社化することも考えられます。

チェックリスト

- ☑ アライアンスの相手方について、信用力、技術力、販売力等について調査したか
- ☑ アライアンスの目的を達成するための条項を盛り込んだ契約書を作成したか
- ☑ ロイヤルティの過少払いや支払遅延はないか
- ☑ アライアンス強化のため契約上の権利を主張・行使しているか

今回の重要法令

**特許法78条 不正競争防止法**

**ADVICE** 経営者へのアドバイス

●海外企業への技術ライセンスは、海外進出のための有益な手段ですが、自社のコア技術を供与することは流出のリスク等を考えて慎重に行うべきです。

●海外から債権回収を行うのは時間も費用もかかり、強制執行も困難なので、不良債権が発生しないように注意すべきです。

●そのためには、契約上不良債権が発生しにくい条件を規定し、タイムリーに必要な権利行使をすることが重要です。

EPILOGUE

---

# 会社売却を決意。新たな挑戦へ

---

## 売却の申し出

〈川名さんにご紹介したい人がいるのですが、久しぶりにお食事などできるタイミングはありますか?〉

経営者の交流会で親しくしていた友人から、ハルカにメッセージが来た。

ここ数年、AI企業の買収や海外企業とのアライアンスなど、ハルカは多忙な日々が続いていた。しかし、業績が順調に伸びて上場も夢ではなくなっていたところでコロナ禍に陥り、飲食店の予約は激減した。ハルカは社内外のすべての対応に追われ続け、仕事関係者以外の人と会うこともほとんどなかった。

会うたびにいつも元気をもらえる経営者仲間からの連絡だったこともあり、ハルカは久しぶりに少人数の食事会に行くことにした。

〈最近やっと落ち着いてきましたね。ぜひ行きましょう〉

食事会で紹介されたのは、美容院・マッサージ・エステ・スポーツジムなどの予約サービスアプリのトップを走る『りざべえ』の社長・福島だった。美容と飲食の違いはあれど、福島の話はすごく参考になりそうだ。ハルカは紹介してくれた友人経営者に心から感謝をした。

　実際に、福島の話は興味深いものだった。どのようにサービスを拡張していったのか、予約機能をいかに使いやすいものへバージョンアップしていったのか。ハルカは、福島の語るノウハウを、どうEATingに生かすかを考えながら耳を傾け続けた。

「福島さん！　すごく参考になります。お会いできて、光栄でした」

　食事の後半、ハルカは心から福島に感謝を伝えた。福島は、そんなハルカに頷いて口を開いた。

「実は川名さん、今日はお話したいことがあったんです。……ちょっと驚かせてしまうかもしれませんが、EATingを『りざべえ』にお売りいただけないでしょうか」

「え……！」

　ハルカは予想もしていなかった提案に、口を開いたまま言葉が出なかった。

「急なお話をしまして、申し訳ないです。実は、弊社の新規サービスとして飲食店予約をスタートしたいと考えていたんです。しかし、予約サービスの構造は同じでも、私た

ちは飲食店には明るくない。そして、飲食業界も未だ、以前の通りには戻っていない厳しい状況におかれていますが、他業界である私たちのサービスと組み合わせれば、シェアを広げるチャンスでもあると思います。そこで、EATingさんを売却していただくことが最適なのではないかと考えたんです」

　福島の説明をまばたきもせずに、ハルカは聞いていた。

「もちろん、急なことですから今すぐに答えを出していただく必要はありません。他の経営陣の方とお話をする必要もあるでしょうし……。よろしければ、またご連絡いただけますか」

「わ、わかりました……」

　ハルカはやっとの思いで頷いて、話を終えた。予想外の提案に、最後のデザートは味がよく分からなかった。

## ハルカの迷い

　福島と会ってから、売却についての話がぐるぐるとハルカの頭を回っていた。

　実のところ、福島から声をかけられる以前から、ハルカは自分がEATingの経営者でいる必要性があるのかと考え続けていた。さらに、最近の飲食業界の厳しい現状も考えると、自分の力ではEATingのこれ以上の発展は望めないのではないかと思い始めていたのである。

一方で、ここまで育て上げた会社を手放すのは心が痛む。社員のみんなの顔が浮かび、同時にこれまでの思い出も蘇る。ハルカは自分の進むべき道に迷っていた。

　福島からの条件は悪くない。しかも、これまで様々な業態で予約事業を成功させてきた『りざべえ』ならば、EATingとビジネス上の大きなシナジーが生まれるだろう。この条件ならベンチャーキャピタルも反対はしないはずだ。

　次第にハルカは、EATingのためには売却する方がよいのではないかと考えるようになった。

　ハルカは何度も勝田、佐々井、そして真部と話し合いを重ねた。彼らも最初はハルカの申し出に驚いたものの、理解を示してくれた。客観的に見て、今回の売却は悪い条件ではないということが明らかだったのだ。

　佐々井はCTOとして当面EATingに残ることになり、徐々にハルカと勝田の関心は、株式をいくらで売却するのかに移っていった。

## ハルカの大きな決断

　EATingの会議室には、ハルカ、勝田、佐々井、真部、そして、『りざべえ』の福島とその弁護士が並んだ。今後のEATingの命運を握る話し合いにも関わらず、会議室に

は穏やかな空気が流れた。

　福島との出会いから３カ月、ハルカは会社を10億円で売却することにした。結論までには経営陣と真部で何度も話し合いを重ね、EATingにとってもっとも良い売却条件とはどんなものかを洗い出した。

「それでは、社員は全員残すという条件で大丈夫ですよね。その他譲れない条件は、この契約ドラフトに書いてあります」

　ハルカは福島に念を押した。

「もちろんです。EATingの社員は非常に優秀です。雇用条件なども、変更なく進めたいと思っています」

　ハルカも他のメンバーも頷いた。そして、ハルカが８年間育て続けたEATingの売却の契約を成立させたのだ。


　EATingへの最終出社日、ハルカは買ったばかりの靴を履いた。新しい道に進むために、思い切り気に入ったものを身につけたいと思い、購入したものだ。

　ハルカは一緒に働いてきたメンバーの前に立ち、心からの感謝の気持ちを伝えた。ハルカの言葉を聞いて、涙を流しているメンバーもいる。EATingの立ち上げ当初からの思い出があふれ、ハルカも涙が止まらなくなった。

　大きな花束を抱えてEATingのオフィスを出るハルカと勝田の表情は、晴れやかだった。新しいビジネスの着想を

得たハルカは、売却代金を元手に新たな道へ歩み出す決意を固めたのだ。勝田と一緒に、またゼロからのスタートに胸がおどる。EATingを育ててきたこと以上にワクワクする体験が、これから待ち受けているかもしれないと思うと、ハルカは自然に微笑みを浮かべていた。

　今日は久しぶりにBAR LUSHに寄ろう。すべての始まりの場所。もしかしたら、真部も来ているかもしれない。思い出話でもしながら、今日ぐらいは一緒に飲もうか。


　新たな門出に乾杯することを思い描き、ハルカは軽やかに歩き始めた。

# 重要法令一覧
※以下、五十音順

● 会社法 ………… CHAPTER 2　CHAPTER 3　CHAPTER 5

● 公益通報者保護法 ………………………………… CHAPTER 2

● 個人情報保護法

　（個人情報の保護に関する法律）

　………………………… CHAPTER 1　CHAPTER 8

● 資金決済法

　（資金決済に関する法律）……………………… CHAPTER 1

● 商標法 …………………………………………… CHAPTER 1

● 租税特別措置法 ………………………………… CHAPTER 3

● 特許法 ………………… CHAPTER 7　CHAPTER 9

● パワハラ防止法

　（労働施策総合推進法）………………………… CHAPTER 4

● 不正アクセス禁止法

　（不正アクセス行為の禁止等に関する法律）

　……………………………………………………… CHAPTER 8

● 不正競争防止法 ………………… CHAPTER 2　CHAPTER 9

● 民事訴訟法 ……………………………………… CHAPTER 6

● 民法 ……………………………………………… CHAPTER 6

● 労働基準法 ……………………………………… CHAPTER 4

● 労働契約法 ……………………………………… CHAPTER 4

● 労働審判法 ……………………………………… CHAPTER 4

■参考文献

・「ビジネス常識としての法律（第3版）」堀龍兒・淵邊善彦，
日本経済新聞出版社（2021）

・「IPO物語－とあるベンチャー企業の上場までの745日航海
記」和田芳幸・本村健/編集代表，商事法務（2020）

・「ベンチャー法務の教科書～ここだけは押さえておきたい77
ポイント～」弁護士法人飛翔法律事務所，経済産業調査会
（2020）

・「スタートアップの知財戦略　事業成長のための知財の活用
と戦略法務」山本飛翔，勁草書房（2020）

・「経営者・スタートアップのための起業の法務マネジメント」
大城章顕，日本実業出版社（2020）

・「起業の法務－新規ビジネス設計のケースメソッド」TMI総
合法律事務所，商事法務（2019）

・「ベンチャー企業による資金調達の法務」桃尾・松尾・難波
法律事務所，商事法務（2019）

・「～事業拡大・設備投資・運転資金の着実な調達～ベン
チャー企業が融資を受けるための法務と実務」千保理・滝琢
磨・辻岡将基，第一法規（2019）

・「スタートアップ投資ガイドブック」小川周哉・竹内信紀，
日経BP（2019）

・「ベンチャー経営を支える法務ハンドブック(改訂版)」橘大
地・中野友貴，第一法規（2019）

・「ステージ別　ベンチャー企業の労務戦略」GVA法律事務
所，中央経済社（2017）

・「起業ナビゲーター」菅野健一・淵邊善彦，東洋経済新報社
（2016）

・「ベンチャー企業の法務AtoZ」後藤勝也・林賢治・雨宮美
季・増渕勇一郎・池田宣大・長尾卓，中央経済社（2016）

■著者紹介

## 淵邊善彦

・1987年東京大学法学部卒業。89年弁護士登録、西村眞田法律事務所（現西村あさひ）勤務。95年ロンドン大学UCL（LL.M.）卒業。ロンドンとシンガポールの法律事務所勤務。2000年よりＴＭＩ総合法律事務所に参画。16年より東京大学大学院法学政治学研究科教授（18年まで）。19年ベンチャーラボ法律事務所開設。

・中央大学ビジネススクール客員教授、ヘルスケアIoTコンソーシアム理事、日弁連中小企業の海外展開業務の法的支援に関するWG座長、日本CLO協会理事など。

・主にベンチャー・スタートアップ支援、M&A、一般企業法務を取り扱う。

・主著として、『トラブル事例でわかるアライアンス契約』、『強い企業法務部門のつくり方』(共著)、『AI・IoT時代の企業法務』(共著)、『業務委託契約書作成のポイント』(共著)、『東大ロースクール実戦から学ぶ企業法務』(共著)、『契約書の見方・つくり方（第2版）』、『ビジネス法律力トレーニング』、『ビジネス常識としての法律（第3版）』(共著)、『シチュエーション別提携契約の実務（第3版）』(共著) など。

イラスト／山下祐紀子
デザイン／コミュニケーションアーツ株式会社

サービス・インフォメーション

──── 通話無料 ────

①商品に関するご照会・お申込みのご依頼
　　　　TEL 0120（203）694／FAX 0120（302）640
②ご住所・ご名義等各種変更のご連絡
　　　　TEL 0120（203）696／FAX 0120（202）974
③請求・お支払いに関するご照会・ご要望
　　　　TEL 0120（203）695／FAX 0120（202）973

●フリーダイヤル（TEL）の受付時間は、土・日・祝日を除く
　9：00～17：30です。
●FAXは24時間受け付けておりますので、あわせてご利用ください。

**困った時にすぐわかる！トラブル対策のコツ**
**経営者になったら押さえておくべき法律知識**

2021年3月10日　初版発行

著　者　　淵　邊　善　彦

発行者　　田　中　英　弥

発行所　　第一法規株式会社
　　　　　〒107-8560　東京都港区南青山2-11-17
　　　　　ホームページ　https://www.daiichihoki.co.jp/

印　刷　　松澤印刷株式会社

経営者法律知識　ISBN978-4-474-07431-6　C2034（0）